마이클 포터 교수의

경쟁전략 입문

PORTER KYOUZU NO『KYOUSO NO SENRYAKU』NYUUMON
by GLOBAL TASKFORCE K.K

마이클 포터 교수의

경쟁전략 입문

글로벌 태스크포스 지음 | 김수광 옮김 | 모니터 그룹 감수

| 서문 |

2001년에 『MBA 100인이 선정한 베스트 경영서적(동양경제신문사)』이라는 책이 출간되었다. 제목에서 알 수 있듯이 MBA를 취득한 100명에게 경영학의 고전이라고 불리는 책에서부터 당시 화제가 되었던 책에 이르기까지 도움이 되는 비즈니스서적을 추천받은 내용이다. 그런데 놀랍게도 그 순위에서 당당히 1위를 차지한 책은 1980년에 출간된 책이었다. 수없이 쏟아져 나오는 신간서적들을 제치고, 가장 많은 MBA 취득자가 마이클 포터 교수의 『경쟁전략』을 선정한 것이다. "『경쟁전략』을 읽지 않고서는 전략을 논할 수 없다."는 것이 그 이유다.

마이클 포터 교수는 사상 최연소로 하버드대 교수가 되어 현재까지 16권의 저서와 75개 이상의 논문을 집필하였고, 다국적 기업에 대한 경영전략 컨설팅 뿐 아니라 미국을 위시한 세계 8개국 정부를 대상으로 정책제언을 하고 있는 전략연구의 제1인자이다. 그리고 그가 세계적인 주목을 받게 된 출세작이 바로 『경쟁전략』이다. 포터 교수는 이 책과 후속작인 『경쟁우위전략』으로 경영학의 전략경영 분야를 확립시켰다. 이 책은 독자들로부터 '다양한 분야의 지식과 결합하여 창조적 상승효과를 노릴 수 있다.'는 점과 '전략 분석력을 획기적으로 향상시킬 수 있다.'는 호평을 받고 있다.

그러나 『경쟁전략』은 내용이 많고 어렵다는 두 가지 문제점을 가지고 있다. 분량은 500페이지에 달하고 논리구성이나 기본적인 사고방식이 난해하여 책을 읽는데 시간이 많이 걸린다. 또한 경제학(특히 게임이론)의 기초적인 지식을 전제로 하고 있어 전문지식이 없으면 간단한 구조 정도만 이해하고 끝나버릴 위험이 있다. 이 책은 포터 교수의 『경쟁전략』을 '어려워서 못 읽겠다.', '한번 읽어보려고 했지만 포기했다.', '곧 읽으려고 생각하고 있다.', '읽어야 할 필요성은 느끼고 있지만 지금은 책꽂이에 장식용으로 있다.' 등등 원서에 어려움을 느끼는 분들을 도와드리기 위해 쓰여졌다. 가능한 한 이해하기 쉽도록 『경쟁전략』을 풀어쓰고, 구체적인 사례를 많이 포함시켰다. 더욱이 포터 교수의 주장을 체계적으로 정리하고 시각적으로 이해하기 쉽도록 그림, 도표들을 필요한 곳에 추가하였다.

물론 이 책을 읽는 것만으로 치밀하고 명석한 포터 교수의 『경쟁전략』을 자신의 것으로 하기에는 약간 부족할 수도 있다. 이 책은 어디까지나 『경쟁전략』의 이해를 돕기 위한 입문서, 해설서이다. 따라서 그 진면목을 이해하기 위해서는 포터 교수 스스로가 쓴 원서를 꼭 접해보기 바란다. 특히 원서에는 이 책에서 다루고 있지 않은 상세한 사례를 포함하여 훌륭한 해설이 많이 들어있다. 이 책은 어디까지나

『경쟁전략』을 이해하는 실마리로서 읽어주길 바란다.

많은 독자들이 포터 교수의 『경쟁전략』과 접하는 기회를 갖도록 권하는 이유는 '지금이야말로 전략의 원점에 서서 돌아볼 필요가 있다.' 고 생각되기 때문이다. "이제 포터의 전략론은 끝났다."고 말하는 평론가도 있지만 그것은 잘못된 것이다. 포터 교수의 생각이 '오래되어 끝나버렸다.' 는 것이 아니라 '표면적인 유행 하에 감추어져 버렸다.' 고 하는게 옳을 것이다.

포터 교수의 전략론이 과거의 전략론이라고 한다면 그의 생각을 뛰어넘는 '현대'의 전략론이 등장하여 있어야 할 것이다. 그러나 대다수의 전략론들은 포터 교수의 『경쟁전략』을 기본으로 하여 다소의 개량을 덧붙인 것에 지나지 않는다. 가령 포터 교수가 제안한 이론을 '새우'라고 한다면 현대의 전략가들은 그 '새우'에 '옷'을 휘감아 놓는데 지나지 않는 경우가 대부분이라고 말할 수 있다. '새우'에 '옷'을 휘감아 놓는데 지나지 않지만, 대중들에게는 맛있는 튀김으로 보이게 된다.

사실『경쟁전략』이 세상에 나온 후 시간이 경과함에 따라 '옷'만 먹으려고 하는 독자들이 늘어나고 있다. 즉 표면적으로는 이론을 이해한 것처럼 보여도 실제로는 그 근간을 이해하고 있지 않은 독자가 늘어나고 있다는 말이다. 따라서 이런 현상이 심각해지고 표면적인 이론가들이 늘어가고 있는 현 상황에서는 이제 다시 한 번 '새우'로 다시 돌아가는 것이 중요하게 된다. 이대로는 '겉모습만 전략가'인 사람들이 늘어나서 세상은 벌거벗은 임금님 투성이가 되어 가고 있는 것은 아닌가 하는 불안을 떨쳐버릴 수 없다.

마지막으로 이 책의 성격상, 용어 하나하나에 주석을 달기는 어려워서 생략하였다. 또한 출판을 위해 귀중한 조언을 아끼지 않은 종합법령출판사의 니베 사장, 다케시타 본부장 등 커다란 협력에 감사를 드린다.

글로벌 태스크포스 주식회사

| 이 책의 구성 |

포터 교수의 『경쟁전략』의 목적을 한마디로 설명하면 '산업의 경쟁상황을 정리하고 최적의 경쟁전략을 도출한다.'는 것이다. 이 책은 원서에서 16장으로 되어있는 것을 5장으로 알기 쉽게 정리하였다. 그 내용은 독자들의 전략도출에 도움이 되어 줄 것이다. 오른쪽 페이지를 참조하기 바란다.

우선 제1장에서는 산업의 정보를 정리하고 경쟁요인을 추출하는 과정을 서술하고 있다. 따라서 산업의 정보를 많이 가지고 있는 상태에서 제1장을 읽으면 산업을 정리할 수 있게 되고, 그 결과 산업의 경쟁요인이 구체화되어 산업의 구조를 이해할 수 있다. 또한 산업 구조는 제3장에서 자세하게 살펴볼 수 있다. 한편 제2장에서는 기본적인 전략, 즉 선택 가능한 세 가지 전략에 대해서 배우게 된다. 제3장까지 산업의 경쟁요인과 전략에 대해 자세히 알아보고, 제4장과 제5장을 통해 구체적인 전략을 수립해 나간다. 제4장에서는 '산업의 환경'이라는 관점에서, 제5장에서는 '전략 결정'이라는 관점에서의 접근방법을 통해 구체적인 전략의 주안점을 학습한다. 이 다섯 장들은 모두가 면밀하게 연결되어있다.

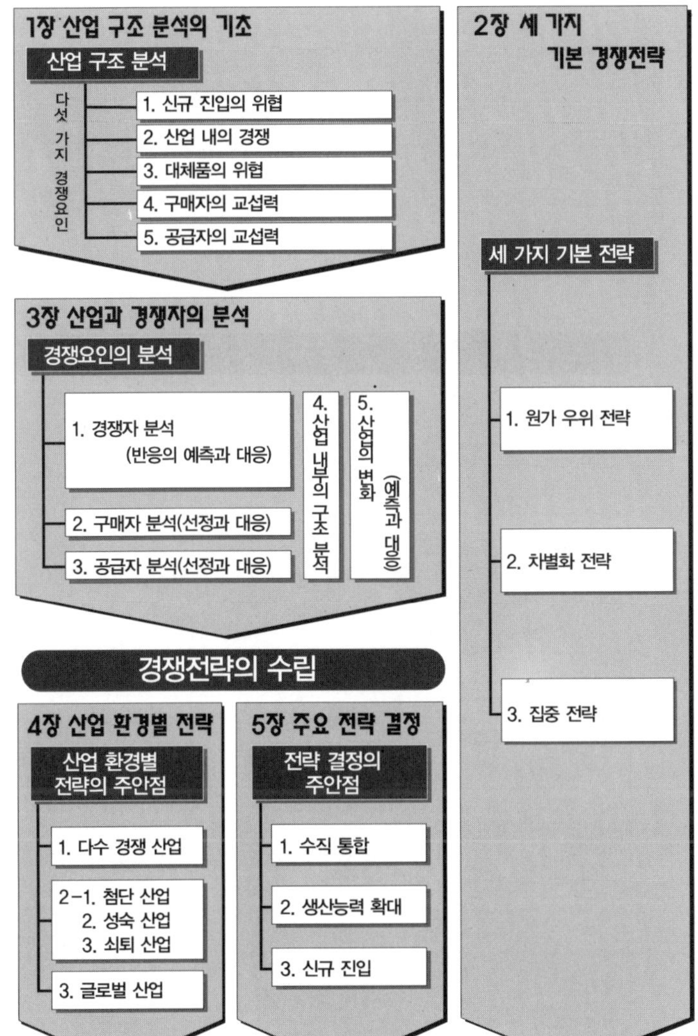

1장 산업 구조 분석의 기초
산업 구조 분석
다섯 가지 경쟁요인
1. 신규 진입의 위협
2. 산업 내의 경쟁
3. 대체품의 위협
4. 구매자의 교섭력
5. 공급자의 교섭력
2장 세 가지 기본 경쟁전략
세 가지 기본 전략
1. 원가 우위 전략
2. 차별화 전략
3. 집중 전략
3장 산업과 경쟁자의 분석
경쟁요인의 분석
1. 경쟁자 분석 (반응의 예측과 대응)
2. 구매자 분석(선정과 대응)
3. 공급자 분석(선정과 대응)
4. 산업 내부의 구조 분석
5. 산업의 변화 (예측과 대응)
경쟁전략의 수립
4장 산업 환경별 전략
산업 환경별 전략의 주안점
1. 다수 경쟁 산업
2-1. 첨단 산업
2. 성숙 산업
3. 쇠퇴 산업
3. 글로벌 산업
5장 주요 전략 결정
전략 결정의 주안점
1. 수직 통합
2. 생산능력 확대
3. 신규 진입

|이 책의 사용방법|

이 책은 마이클 포터 교수가 지은 『경쟁전략』의 해설서로 모두 다섯 개의 장으로 구성되어있다. 원서의 구성과 비교하면 다음의 표와 같다.

이 책	원 서	이 책의 페이지
제1장 산업 구조 분석의 기초	제1장	p.21~98
제2장 세 가지 기본 경쟁전략	제2장	p.99~116
제3장 산업과 경쟁자의 분석	제3장~8장	p.117~196
제4장 산업 환경별 전략	제9장~13장	p.197~268
제5장 주요 전략 결정	제14장~16장	p.269~309

이 표를 보면 특징적인 것이 하나 있다. 원서에서는 제1장이 30페이지 정도에 지나지 않는데, 이 책에서는 제1장이 약 2배가 넘는 80페이지에 달한다. 이것은 제1장에 아주 중요한 개념이 많이 등장하기 때문이다. 따라서 제1장은 원서 이상으로 깊게 이해해 주기를 바란다. 실제로 많은 분들이 원서를 읽다가 포기해 버리는 원인이 제1장의 이해 부족에 있다. 원서는 상급자를 대상으로 쓰였기 때문에 제1장의 내용이 많지 않다. 그러나 이 책은 그런 점은 걱정할 필요가 없다. 제1장의 개념설명에 심혈을 기울였기 때문이다. 제1장의 개념을 꼭 이해하도록 잘 읽었으면 한다. 제1장의 개념을 이해한다면 이후의 장들은 그만큼 어렵지 않다. 적어도 이 책 수준에서는 문제 없이 읽어 나갈 수 있다.

그리고 제2장 이후부터는 주로 원서의 이해를 돕는 목적으로 쓰고 있다. 이 책에서는 이해하기 쉽게 설명하고 있지만 원서에서는 조금 더 치밀하고 명쾌한 논리가 전개되어 있다. 따라서 이 책을 우선 읽고 개요를 파악한 후, 원서에 도전하기를 바란다. 원서의 내용이 머릿속에 잘 정리가 될 것이다. '오른손에는 이 책, 왼손에는 원서' 이 한 마디로 이 책의 사용법을 충분히 설명할 수 있을 것이다.

|감수의 글|

마이클 포터 교수와 그의 '경쟁전략(Competitive Strategy)'이라는 저서가 학계와 업계에 미친 영향은 엄청난 것이다. 굳이 모니터그룹의 창립자 중의 하나라는 이유를 떠나더라도, 마이클 포터 교수의 『경쟁전략』은 컨설팅 업계에서도 20년이 지난 지금에 와서 보더라도 여전히 통찰력이 넘친다. 특히 대표적인 이론인 '5가지 요인에 의한 산업구조 분석' 에 대해서는 1979년 하바드 비즈니스리뷰에 '어떻게 경쟁요소들이 전략을 형성하는가(How Competitive Forces Shape Strategy)'라는 논문을 실으며 처음 소개를 한 이후, 29년 후인 2008년 1월에 새롭게 업데이트한 글을 게재하면서 여전히 그의 이론이 현실적으로 유용한 도구가 될 수 있음을 역설하기도 했다.

1980년에 초판이 쓰여진 이래로 이 책에서 언급하고 있는 '다섯 가지 요인에 의한 산업 구조 분석법(5 Forces analysis)' 이나 '근원적인 3개의 경쟁전략 : 차별화, 원가우위 확보, 집중화' 등은 기업 전략에 관심이 있는 사람이라면 누구나 한 번쯤 들어봤을 정도로 대중화된 이론이 되었다. 하지만, 그런 대중적인 관심과 인기에도 불구하고 본서가 가지고 있는 방대한 내용과 치밀하고도 논리적인 저술방식 때문에 정작 『경쟁전략』을 처음부터 끝까지 정독한 사람을 찾기가 드문 것이 아이러니한 현실이기도 하다. 그러다 보니 몇몇 파편화된 이론들을 기계적으로 적용하는 변용이 일어나기도 하였고, 본서에서 포터 교수가 말하고 있는 전후좌우의 이론적, 실무적 전망이 전달되지 못하고 『경쟁전략』이 가진 풍부한 가치가 과소평가 되는 경향도 없지 않았다.

포터 교수의 경쟁전략은 단지 '산업 구조 분석'에서만 끝나는 것이 아니다. 원서에서 '산업 구조 분석'은 단지 1개의 장(章)만 할애되어 있을 뿐이고, 그 외에 본원적인 경쟁전략이 왜 유효한 것인지, 다양한 산업환경을 다섯 개의 커다란 유형으로 분류하고 그 유형별로 적절한 경쟁 전략은 무엇이고 그 경쟁전략을 선택하기 위해서는 어떤 점을 고려해야 하는지, 선택할 때 조심해야 할 함정이나 위험요소는 무엇인지에 대해 상세하게 제시하였다. 그리고 기업의 성장전략에서 가장 중요하다고 볼 수 있는 '전방·후방 통합', '생산능력의 확장' 그리고 '신규 진입'의 세 가지 전략에 대해서도 설명하고 있다. 한 마디로 산업 내에서 기업이 생각할 수 있는 '경쟁자를 이기기 위한 전략'의 거의 모든 영역을 포괄적으로 다루고 있기 때문에 실무자나 경영학을 공부하는 사람의 입장에서 입체적이고도 고른 시각을 가질 수 있도록 해준다.

또한 포터 교수의 『경쟁전략』은 단지 외부적, 객관적으로 드러나는 사실에 입각한 분석뿐 아니라 시장의 신호, 경영자의 산업에 대한 애착, 불확실한 정보 원천에 의한 문제 등등 현실적으로는 굉장히 중요한 요소이나 의사결정시 정형화시키기 어려운 정성적인 측면의 중요성을 강조하고 각 측면에서 전략 수립시 고려해야 할 요소들도 밝혀 놓았다.

다소 뒤늦은 감은 있지만 이 책은 앞에서 말한 안타까움을 일소시키고, 포터 교수의 식견을 좀 더 편안하게 받아들일 수 있도록 돕고자 하는 의도에서 쓰여졌다. 원서에서 다루고 있는 전체적인 틀은 유지하면서도 시간과 일에 쫓기는 현대의 독자들이 이해하기 쉽도록 다양한 도해를 곁들여 간략한 설명과 사례로 정리했기 때문에 '경쟁전략'을 빠른 시간 내에 제대로 맛을 보고 싶은 독자들에게 더없이 훌륭한 선물이 될 것이다. 특히 매 장마다 핵심적인 내용을 Logic Tree의 형태로 요약해 놓은 부분은 기획 · 전략 관련 업무에 종사하시는 분들이라면 책상 앞에 붙여 놓고 매번 참고를 해도 좋을 것이다.

2008년 10월에 주요 언론사 주관으로 주최하는 '세계 지식 포럼'에 마이클 포터 교수가 초청되어 한국에 온다. 모쪼록 이 책 및 포터 교수의 방한이 한치 앞을 내다보기 어려운 불확실한 기업 환경에서 최적의 '경쟁전략'을 찾아내고 실행하려는 현재 및 미래의 기업인들에게 값진 선물이 되기를 바라 마지않는다.

조 원홍

모니터 그룹 코리아 대표

| 목차 |

제2장 세 가지 기본 경쟁전략

제3장 산업과 경쟁자의 분석

제4장 산업 환경별 전략

제5장 주요 전략의 결정

제1장

산업 구조 분석의 기초

1장
산업 구조 분석의 기초(다섯 가지 요인)

3장
산업과 경쟁자의 분석

전략의 수립

4장 산업 환경별 전략

5장 주요 전략의 결정

2장 세 가지 기본 경쟁전략

1 경쟁전략을 결정하는 세 가지 요인

경쟁전략을 결정하기 위해서는 우선 경쟁이란 무엇인가를 명확히 해야 한다. 마이클 포터 교수에 의하면 경쟁상태를 결정하는 요인에는 세 가지가 있다.

(1) 개별 회사간의 관계·행동
(2) 산업 구조
(3) 산업에 작용하는 외부의 압력

포터가 이 중에서 가장 중요한 것으로 지적한 것은 (2) 산업 구조다. 산업 구조는 기업이 향후 취할 수 있는 전략에 큰 영향을 미치며, 경쟁이라는 게임의 규칙도 결정하게 된다. 기업이 속한 산업의 구조를 인식해야 그 기업이 취해야 할 전략이 보인다는 것이 포터가 가장 말하고 싶은 것이다.

그러면 다른 요인은 어째서 (2)보다 중요도가 낮을까? 포터는 다음과 같이 설명하고 있다.

개별 회사간의 관계·행동

이것도 중요한 것으로 산업 구조를 형성하는 요소이다. 그러나 이

산업과 개별 기업에는 다양한 관계·행동·구조·압력이 존재한다

것에만 집중해서는 핵심전략을 찾을 수 없다고 포터는 지적하고 있다.

산업에 작용하는 외부의 압력

'산업만 생각할 것이 아니라 외부로부터 작용하는 힘도 고려해야 한다.'고 생각하는 사람도 있을 것이다. 그러나 산업에 작용하는 힘이란 산업 전체에 작용한다. 자기 회사에만 영향을 미치는 것은 아니다. 따라서 전략을 수립하는 판단자료가 되기는 어렵다.

이러한 생각에서 포터 교수는 경쟁전략을 생각할 때 가장 중요한 것은 '**(2) 산업 구조**' 라고 정의하고 있다.

산업 구조와 다섯 가지 경쟁요인 분석
Five Forces Analysis

전항에서는 '산업 구조의 분석이 경쟁전략 수립을 위해 중요하다.'는 것을 배웠다. 지금부터는 기업의 경쟁전략 입안을 심도 있게 알아본다. 물론 구조 분석이 그 시작점이라고 할 수 있고, 앞으로 다뤄지는 각 장의 기초가 되므로 아주 중요하다.

여기서 등장하는 것이, 독자 여러분들도 한번쯤은 들어보았을 '다섯 가지 경쟁요인(five-forces)'이라는 프레임 워크다. 이 말을 들어본 적이 없는 분들도 오른쪽 그림을 보면 '아! 저거'하고 알아보는 분들이 많을 것이다. 하나하나의 경쟁요인에 대해서는 지금부터 천천히 배워나갈 것이고, 이 '다섯 가지 경쟁요인'이 전하는 메시지는 다음과 같다.

'신규진입자의 위협', '경쟁자', '구매자의 교섭력', '공급자의 교섭력', '대체품의 위협' 등의 다섯 가지 요인이 어떻게 작용하는가에 따라 산업의 경쟁상태와 매력도(수익률)가 변한다는 것이다. 경쟁분석은 기존의 경쟁업체만을 분석하는 것이 아니라, 산업의 경쟁 정도와 수익률을 좌우하는 다섯 가지의 경쟁요인을 분석하여 그 중에서 가장 강력한 요인이 결정적 수단이 된다고 포터 교수는 지적하고 있다.

다시 말하면, 이 '다섯 가지 경쟁요인' 각각의 준비된 체크리스트에 대해서, 현재 자기 회사가 처해 있는 상황을 대입해 보면서, 자사가 속한 산업의 경쟁관계를 설명하는 결정적인 구조적 특징 같은 것을 신속하게 찾아내는 것이 가능하다는 것이다. 그래서 포터는 분석과 전략적 사고의 대부분을 이 구조분석에 집중하라고 조언하고 있다.

다섯 가지 경쟁요인(Five-Forces)의 예

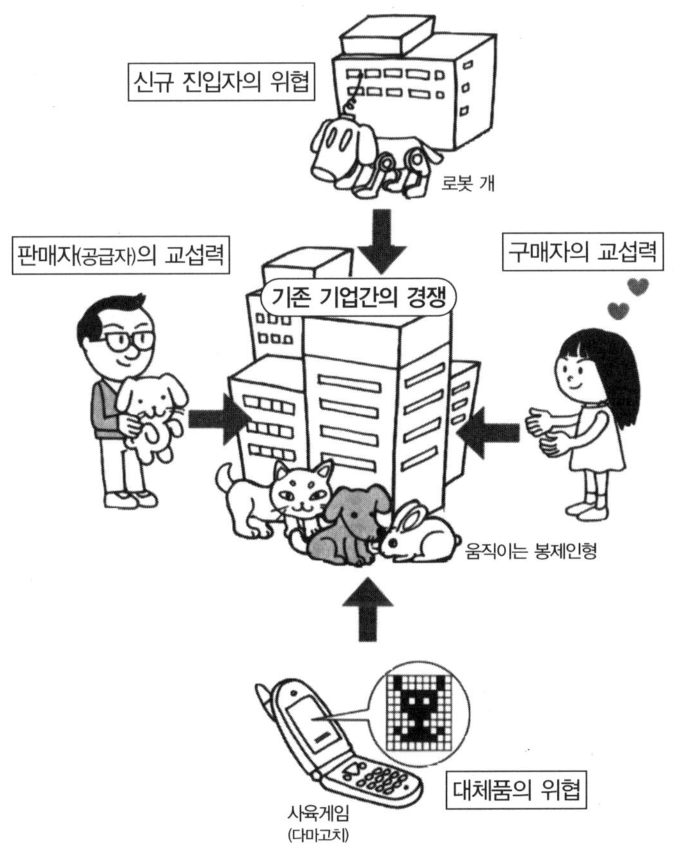

3 경쟁의 무서움

경쟁이 격심해지면 어떻게 될까? 경쟁이 그다지 심하지 않고, 아무 일도 일어나지 않는다면 일부러 경쟁전략과 같은 것에 골치를 썩일 필요가 없고 다른 중요한 사항에 시간을 할애해야 한다. 포터 교수는 이 점에 관한 논의도 빠뜨리지 않았다. 그는 '경쟁'과 '한 기업의 수익률 하락'의 관계를 제시함으로써 경쟁의 무서움을 설명하고 있다. 예를 들어, 다음 두 가지 경우를 상정해 보자.

(1) 세상에서 홍길동 씨만 사과나무를 가지고 있는 상태
(2) 홍길동 씨뿐 아니라 김길동 씨도 사과나무를 가지고 있는 상태

(1)과 (2) 어느 상태에서 홍길동 씨가 사과를 비싸게 팔 수 있을까? 당연히 (1)의 경우이다. (1)의 경우는 '경쟁이 없는 상태'다. 사과의 수요가 있는 한 홍길동 씨는 원가 500원의 사과를 1000원에 팔지, 10000원에 팔지, 그 사과가 팔리는 한 자유롭게 결정할 수 있다. 사막 가운데서 물을 파는 것과 같다. 그러나 (2)의 경쟁이 있는 상태에서는 홍길동 씨가 2000원에 팔아도 김길동 씨가 1000원에 팔면, 고객은 모두 김길동 씨의 사과를 사러 가버릴 것이다. 따라서 경쟁이 있는 상태에서는 홍길동 씨도 사과를 1000원 이하로 하지 않으면 안

되므로 수익률이 떨어지게 된다. 더욱이 홍길동 씨와 김길동 씨의 경쟁에 이길동 씨까지 뛰어든다면 어떻게 될까? 경쟁이 더 심하게 되어 수익률은 점점 떨어지게 될 것이다.

여기서는 사과의 품질이 같고, 판매가격이 내려감에 따라 수익률도 떨어짐을 보여준다. 그러면 또 한 가지, 경쟁이 격화되어 비용이 상승하고 수익률이 떨어지는 경우도 살펴보자. 홍길동 씨가 비용 2000원의 사과를 판매가격 10000원에 판매하고 있다고 하면, 이익은 8000원이 된다. 경쟁업자인 김길동 씨가 나타나서 홍길동 씨보다 품질이 좋은 사과를 10000원에 판매하면, 고객은 김길동 씨의 사과를 구매할 것이다. 홍길동 씨는 김길동 씨에게 대항하기 위해서 품종 개량, 비료의 증량, 온도관리의 철저 등을 기하지 않을 수 없게 된다. 그래서 김길동 씨와 동질의 사과를 고객에게 제공할 수 있게 되었다고 하자. 그러면 홍길동 씨의 이익은 어떻게 되었을까? 품질향상을 위한 노력이 비용을 상승시킨다. 예를 들면 2000원이었던 비용이 5000원이 되는 것이다. 그러면 홍길동 씨의 이익은 8000원에서 5000원으로 줄어들게 된다.

실제로 이와 같은 상황이 현실에서 일어나고 있다. 경쟁이 심해질수록 수익률은 내려가는 것이다. 기업이 극심한 경쟁에서 어떻게 살아남을 것인가를 생각하는 첫 번째 단계는 산업의 매력도(수익률)와 경쟁의 심한 정도를 결정하는 다섯 가지 요인을 분석하는 것이다. 그것을 위해 산업의 경쟁은 어느 정도인가를 설명해주는 것이 바로 '다섯 가지 경쟁요인' 분석이다. 이 다섯 가지 경쟁요인에 대해서 하나씩 살펴보기로 하자.

●●● 다섯 가지 경쟁요인 (1) 신규 진입의 위협

1. 제조
2. 자재반입
3. 연구개발(R&D)
4. 마케팅
5. 서비스 망
6. 영업사원 활용도
7. 기타(브랜드 등)
1. 브랜드
2. 고객의 충성도(Loyalty)
3. 기타(제품의 차이 등)
1. 생산설비 등의 투자
2. 고객 신용(Credit)
3. 재고
4. 기업광고
5. 연구개발(R&D)
6. 기타
1. 구매처를 조사하는 비용
2. 제품을 설계하고 변경하는 비용
3. 종업원을 훈련하는 비용
4. 보조설비를 갱신하는 비용
5. 변경에 수반되는 정신적 비용
6. 기타
1. 독자 유통망의 구축 가능성
2. 기존 유통채널의 배타성
3. 기존 채널의 수급(채널 수)
4. 기타
1. 독점적인 제품기술
2. 원재료 획득 조건
3. 입지 상의 잇점
4. 정부 보조금
5. 학습곡선 효과
6. 기타
1. 인허가 제도에 의한 사업의 규제
2. 환경, 안전기준 등 품질의 규제
3. 기타
1. 기존기업이 과거에 보복한 사례
2. 기존기업이 대항 가능한 자원
3. 기존기업의 본 산업에 대한 애착
4. 산업의 성장성이 낮아 구매가 일정

4 다섯 가지 경쟁요인 (1)
신규 진입자의 위협

지금부터는 산업의 경쟁을 결정하는 다섯 가지 요인을 각각 살펴본다. 첫 번째는 신규 진입자이다. 신규 진입자란 이제부터 산업에 참여하여 비즈니스를 하려고 생각하고 있는 기업이다. 앞의 김길동 씨, 이길동 씨의 예에서처럼, 신규 진입자가 증가하면 경쟁은 심해지고 판매가격이 떨어지며, 제품을 제공하는 비용이 상승함으로써 기업의 수익률은 하락하게 된다.

포터 교수는 신규 진입의 위협 정도는 '진입장벽(Entry Barrier)'의 정도에 따라 결정된다고 지적하고 있다. 만일 당신이 새로운 기업을 만들려고 한다고 가정해 보자. 자동차를 만들어 판매하는 자동차 업계와 인터넷에서 상품을 판매하는 전자상거래 업계, 어느 쪽을 선택할 것인가 묻는다면 아마 전자상거래를 선택할 것이다. 이런 경우, 자동차 업계는 전자상거래 업계보다 '진입장벽이 높다.'고 할 수 있다. 그 진입장벽의 높낮이 정도가 신규 진입자가 진입하기 쉬운가, 즉 경쟁이 심해지기 쉬운가를 나타낸다.

그러면 진입장벽에는 어떤 것들이 있을까? 포터는 다음의 8가지 진입장벽을 열거하고 있다

❙ 규모의 경제가 있는가?

'규모의 경제(Economy of scale)'란 간단하게 말하면 대량생산을 하면 제품 한 개당 비용이 줄어드는 것을 말한다. 예를 들어 카레를 만드는 경우, 다음의 두 가지 경우를 상정해보자.

사례1: 1인분의 카레를 만들기 위해 감자, 당근, 양파, 카레분말, 고기를 사러 간다.

사례2: 이번 주의 식사를 모두 카레로 해결하겠다는 생각으로 20인분 정도의 카레를 만들려고 한다. 이를 위해 감자, 당근, 양파, 카레분말, 고기를 사러 간다.

사례1과 사례2를 비교할 때, 어느 쪽의 카레를 싼 값에 만들 수 있을까? 지금 비교대상은 당연히 카레 1인분을 만드는 비용이다. 모두 사례2를 골랐을 것이다. 그렇게 하면 1인분에 해당하는 비용을 싸게 만들 수 있기 때문이다. 이것이 규모의 경제다.

포터 교수는 규모의 경제가 제조과정에서 뿐 아니라 제조, 자재반입, 연구개발, 마케팅, 서비스 체제, 세일즈맨의 활용 등 거의 모든 기능분야에서 작용한다고 기술하고 있다. 예를 들면 브랜드에도 규모의 경제가 작용한다. 대개의 경우 기업이 자사의 브랜드를 확립하는데는 많은 비용이 소요된다. 그러나 한번 만들어 놓은 브랜드는 그 다음부터는 거의 비용을 들이지 않고 사용할 수 있다.

이처럼 규모의 경제가 존재하는 산업은 신규 진입을 계획하고 있는 기업에게 커다란 진입장벽이 된다. 아무리 열심히 해도 기존기업은 규모의 경제가 있기 때문에 대등하게 경쟁하기 어렵기 때문이다. 당신이 만든 카레를 카레 전문점과 동일한 비용으로 만들려고 해도 어려운 것과 같은 것이다.

산업 내에서 제품 차별화가 가능한가?

차별화란 '다른 회사에서는 모방할 수 없는 요소'라는 의미를 내포한다. 이 경우 '제품 차별화'란 신규기업이 들어오기 한참 전부터, 그 산업에 있는 기업이 이미 가지고 있는 브랜드라든가 고객의 충성도 등이 여기에 해당된다. 신규기업이 참여하기 전에 기존의 기업은 과거로부터의 광고와 고객 서비스, 제품 차별화를 진행해 왔다. 이러한 모든 요소가 진입장벽이 되는 것이다.

예를 들면 화장품업계나 약품판매, 육아용품, 투자은행 등의 산업에서는 이러한 제품 차별화가 아주 중요하다. 왜냐하면 이런 산업의 소비자는 이미 자신에게 맞는 브랜드를 가지고 있기 때문이다. 판매 시에 '립스틱은 A사', '우리는 B사의 기저귀만 사용해', '죄송하지만 우리는 B투자은행을 사용하고 있어서…….' 등과 같은 반응을 흔히 듣는다. 이러한 요소가 제품의 차별화이다. 때로는 제품이 별로 좋지 않은데도 단순히 업계 1위의 기업이기 때문에 브랜드를 가지고 있는 경우도 있다.

제품 차별화가 진입장벽이 되는 이유를 포터는 다음과 같이 설명하고 있다. 신규 진입자는 기존 기업들이 누리고 있는 제품 차별화의 이점을 향유하기 위해, 공격적인 광고 선전비를 투입하지 않으면 안 된다. 이 때문에 출발시점부터 적자가 되고, 또 이 적자는 꽤 오랜 기간동안 지속된다. 브랜드 지위를 확보하기 위한 투자는 진입하면 회수할 수 없게 되므로 리스크는 커지게 된다. 따라서 제품 차별화는 진입장벽이 된다고 할 수 있다.

제품 차별화에 따른 진입장벽

진입에 거액의 투자가 필요한가?

경쟁을 하기 위해 거액의 투자가 필요하다면 그것은 진입장벽이 될 수 있다. 생산설비같은 투자만이 아니라 고객신용, 재고, 시작단계의 적자보전과 같은 투자도 필요하게 된다. 특히 이런 거액의 투자가 실패하는 경우에 회수가 불가능하게 되는 광고나 연구개발에 필요한 경우에는 진입장벽이 더욱 커지게 된다.

'거액의 투자' 라는 높은 리스크가 진입장벽이 된다

'만일 성공한다면 적중하는 것이지만, 실패하는 경우에는…….' 이라는 생각으로 좀처럼 신규 진입자는 발을 디딜 수 없는 것이다. 예를 들면 책을 출판하고 싶은 사람은 세상에 많이 있다. 그러나 대부분의 사람이 그러지 못하게 막고 있는 가장 큰 이유는 출판에 거액의 투자가 필요하기 때문이다. 요즘에는 개인이 자비로 책을 출판하려고 생각하면 2000만원에서 3000만원의 돈이 필요하게 된다. 책이 팔릴 것을 확신하고 있다면 투자할 것이지만 팔리지 않는다면 자금을 회수할 수 없다. 이것은 확실히 거액의 투자가 신규진입을 막고 있는 전형적인 예라고 할 수 있다.

구매처를 변경하는 비용이 높은가?

'구매처를 바꾸는 비용(Switching Costs)'이란 구매처를 변경할 경우에 발생하는 다양한 비용을 말한다. 구매처를 변경할 때, 신규 구매처를 조사하는 비용과 시간, 제품을 설계하고 변경하는 비용, 종업원을 재훈련시키는 비용, 보조설비를 바꿔야 하는 비용, 또한 이러한 변경에 수반되는 심리적 비용도 포함된다. 이 때 주의해야 할 점은 이것은 신규 진입자가 구매처인 경우의 이야기인 것이다. 신규 진입자가 구매처를 바꾸는데 드는 비용이 아니라는 것에 주의해야 한다.

이것을 잘 이해하기 위해서는 다소의 노력이 필요하므로 구체적인 예를 들어 설명해보자. 예를 들어, 당신이 고기요리를 만드는 요리사라고 하자. 통상적으로는 A정육점에서 매일의 재료를 구입하고 있다. 그러나 신규 진입 정육점인 B정육점에서는 똑같은 재료를 A정육점보다 싸게 조달할 수 있다. 이 경우 당신은 쉽게 구매처를 변경할 수 있다. 그 결과 B정육점에게 정육점 업계의 진입장벽은 낮다고 할 수 있다.

다른 예로, 당신이 제품을 조립하는 회사의 공장장이라고 하자. 각

지에서 운반해 온 부품으로 냉장고를 조립하고 있다. 현재 냉장고의 냉각기에는 C전기의 제품을 사용하고 있다. 신규 진입자인 D전기에서는 동일한 냉각기를 C전기보다 싸게 조달할 수 있다. 그러나 이 경우 값이 싸다고 해서 D전기의 냉각기로 교체할 수 있을까? 냉각기를 바꾸려면 그 규격에 맞게 모든 부품을 바꿔야 한다. 따라서 상당한 장점이 없는 한, 당신은 D전기의 냉각기를 사용할 수 없다. 결과적으로 신규 진입기업인 D전기에게 있어 냉각기 업계의 진입장벽은 높다고 할 것이다.

냉각기의 예에서도 알 수 있듯이 구매처를 변경하는 비용이 높은 경우, 상품의 비용 혹은 성능의 면에서 아주 큰 혜택이 없는 한 이런 장벽은 무너지지 않는다.

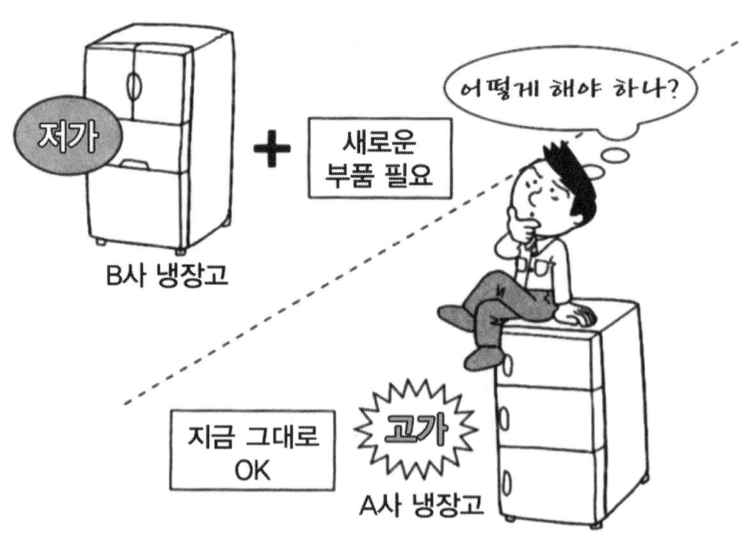

구매처 변경비용이 높으면 구매가격이 내려가더라도 진입이 용이하지 않다

유통채널을 확보하기 곤란한가?

신규 진입자가 자사의 독자적인 유통채널(유통망)을 준비하지 않는 경우에는, 유통채널의 확보가 진입장벽이 될 수 있다. 특히 기존기업에 의해 그 제품의 유통채널이 잘 만들어져 있으면 그 진입장벽은 높아지게 된다. 이 경우, 신규 진입자는 가격파괴 등의 수단으로 자사 제품을 취급해 주도록 설득하지 않으면 안 된다.

예를 들어, 당신이 신규 비즈니스로 기업의 청소업을 시작하려고 한다고 하자. 그러나 이 산업의 진입장벽은 높다고 할 수 있다. 왜냐하면 기존기업은 이미 자사 전용의 청소업자를 확보해 버렸기 때문이다. 즉 이미 유통채널이 정돈되어 버렸기 때문이라고 하겠다.

당신은 이 채널에 뛰어들지 않으면 안 된다. 가격파괴나 대규모 선전 등으로 많은 부가가치를 창출하고, 고객을 설득시켜야 한다. 이 경우 진입장벽은 높아지게 된다. 더욱이 도매나 소매의 채널이 적고,

유통채널을 확보할 수 없으면 신규진입이 어렵다

이들과 결속되어 있는 경쟁회사의 수가 많을수록, 이 유통채널의 확보에 따르는 진입장벽은 높아지게 된다.

채널의 수가 적으면, 그 채널을 두고 경합하는 기업이 많아지게 되고, 거기에 진입하는 것이 용이하지 않다. 이렇게 유통채널의 확보라는 진입장벽이 높은 경우, 신규 진입기업은 스스로 새로운 유통채널을 만들어야 한다.

규모와 상관 없는 비용상의 불리한 점이 있는가?

'기존기업은 규모의 경제성 이외에도 다음과 같은 신규 진입자가 대적할 수 없을 정도로 비용 면에서의 유리한 점을 가지고 있는 경우가 있다.'고 포터 교수는 지적하고 있다. 그것은 다음의 다섯 가지 점이다.

(1) 독점적인 제품기술을 가지고 있다
(2) 원재료 획득이 유리하다
(3) 입지상 유리한 점이 있다
(4) 정부로부터 보조금을 받고 있다
(5) 학습 또는 경험곡선의 효과가 있다

(1)~(4)까지는 쉽게 이해할 수 있을 것이다. 예를 들면 가장 저렴한 원료 구입처를 기존기업이 완전히 쥐고 있는 경우나 가격이 오르

기 전에 기존기업이 조건이 좋은 입지를 점유하고 있다든지 하는 경우이다.

여기에서는 (5)번의 '**학습 또는 경험곡선의 효과**'에 관해서 설명해 보자. 경험곡선의 효과란 간단히 말하면 제품생산의 경험을 할수록 제품 하나에 해당하는 비용을 낮출 수 있다는 의미다. 경험에 의해 제조비용이 낮아지는 원인을 생각해 보면, 노동자가 요령을 파악한다든지, 공장의 레이아웃이 개선된다든지, 제품설계의 변경으로 제조가 용이해진다든지 등등 일일이 다 들 수도 없다.

구체적으로 생각해 보자. 당신이 종이학 천 마리를 접고 있다고 하자. 종이학을 천 번 접는 것이다. 처음의 한 마리를 접을 때와 999마리째를 접을 때, 어느 쪽이 빨리 접을 수 있을까? 답은 예외 없이 999마리째이다. 이 경우 학을 접는 과정에서 혹시 빨리 접는 요령이나 동시 접기와 같은 기법을 찾아냈을 수도 있기 때문이다. 이런 모든 것이 경험곡선에 의한 효과라고 해도 좋다.

이처럼 규모의 경제 이외에도 비용상의 우위라고 하는 진입장벽이 존재하는 것이다.

▎정부의 정책에 제한이나 규제가 있는가?

'정부의 정책'도 진입장벽이 될 수 있다. 정부는 인허가제도 등으로 어떤 산업에 진입을 제한하거나 금지하기도 한다. 그 외에도 대기나 수질의 오염기준, 제품의 안전성이나 효능 등의 규제와 같은 통제에 의해 신규 진입을 규제하는 경우가 있다.

예를 들어 당신이 낮은 비용으로 DVD를 판매할 수 있는 시스템을 개발했다고 하자. 그것은 원료를 특수한 A소재로 바꿈으로써 실현되었다. 통상적인 기업은 DVD의 원료로 B소재를 사용하고 있다. 그러나 이 A소재는 B소재의 반값의 비용으로 만들 수 있다. 이 재료가 업계에 줄 수 있는 쇼크는 엄청날 것이라고 당신은 옅은 미소를 띠고 있다. 산업 내의 경쟁은 이 A소재로 위협을 받을 것이다.

그러던 어느 날, 정부당국으로부터 한 통의 편지가 왔다. 편지의 내용은 다음과 같다. '귀사의 원료 A는 그 가공과정에서 발생하는 C라고 하는 화학물질이 대기를 크게 오염시키기 때문에 사용을 금지합니다.' 이 한통의 편지로 당신의 신규 진입의 꿈은 산산이 부서져 버린다.

이처럼 신규 진입자에게 있어 진입장벽이 될 수 있는 정부의 개입이 존재한다. 산업에 대한 정부의 개입이 주는 영향에는 사회가 좋아

정부의 규제가 신규 진입에 불리하게 작용하는 경우가 있다

진다는 점도 있지만, 한편으로 신규 진입자의 시장에의 신규참여를 불리하게 만드는 효과도 있음을 잊지 말아야 한다.

❙ 진입에 대해 어느 정도의 보복이 예상되는가?

8개의 진입장벽 중에 마지막 내용은 진입에 대해서 예상되는 보복이다. 우선 구체적인 예를 들어보자. 당신이 중학생이던 시절을 떠올려보자. 당신은 전학 가자마자 어떤 친구와 가깝게 지내려고 한다. 그러나 이 친구와 가깝게 지내면, 괴롭힘 당할 것을 확실히 알고 있는 경우, 당신은 그 친구와 가깝게 지내려고 할 것인가?

비즈니스에 있어서도 이러한 경우가 자주 발생한다. 신규 진입기업이 진입을 시도하면서 기존업자의 보복을 감지하고 그것이 무서워 진입을 주저하고 있는 경우다. 그러면 어떠한 경우에 신규 진입자는 그 보복행위를 무서워하게 될까? 포터 교수는 다음의 4가지 조건을 열거하고 있다. ( )는 앞에서 말한 괴롭힘의 예로 설명한 것이다.

1. 기존기업이 진입에 대해서 맹렬하게 보복한 사례가 있는 경우 (과거에도 A군이 전학생을 괴롭혔다고 들었던 경우)
2. 기존기업이 진입에 대항할 수 있는 충분한 경제 자원을 가지고 있는 경우(A군의 아버지는 학부모협의회 회장으로, 선생님이 A군의 편을 들 가능성이 높은 경우)
3. 기존기업이 그 산업에 대해서 집념을 가지고, 거액의 자본금을

투입한 경우(A군에게는 고생하며 만든 그룹이 있고, 그는 다른 그룹에서 싫어하고 있기 때문에 달리 갈 곳이 없는 경우)

4. 산업의 성장이 느려서 신규 진입자를 흡수할 여유가 없는 경우 (A군의 그룹은 무엇이든지 공평하게 나누는데 당신이 들어가면 몫이 작아지는 경우)

이러한 경우 신규 진입기업에 대한 진입장벽은 높아지게 된다.

보복이 예상되면 신규 진입의 의욕이 줄어들어 버린다

●●● 다섯 가지 경쟁요인 (2) 산업 내의 경쟁

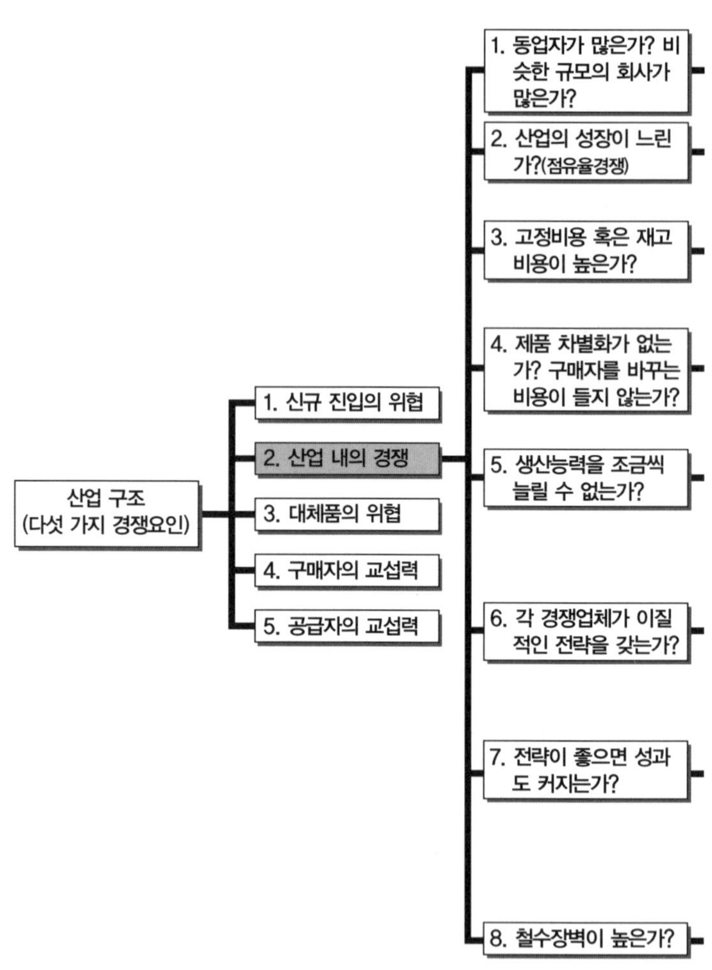

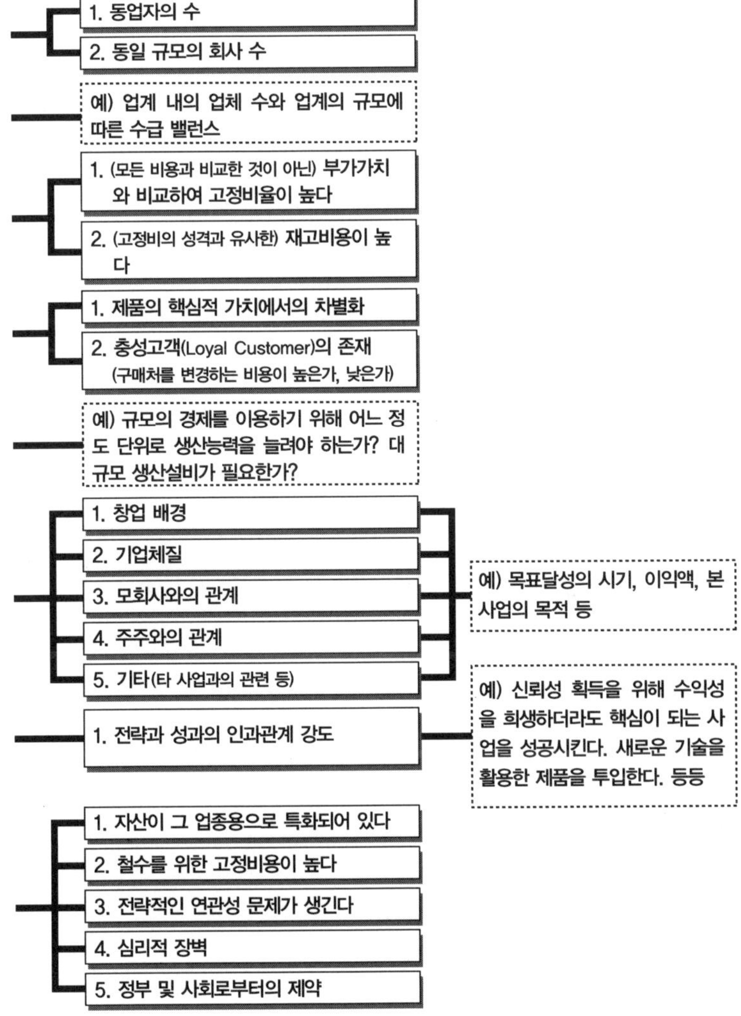
1. 동업자의 수
2. 동일 규모의 회사 수
예) 업계 내의 업체 수와 업계의 규모에 따른 수급 밸런스
1. (모든 비용과 비교한 것이 아닌) 부가가치와 비교하여 고정비율이 높다
2. (고정비의 성격과 유사한) 재고비용이 높다
1. 제품의 핵심적 가치에서의 차별화
2. 충성고객(Loyal Customer)의 존재 (구매처를 변경하는 비용이 높은가, 낮은가)
예) 규모의 경제를 이용하기 위해 어느 정도 단위로 생산능력을 늘려야 하는가? 대규모 생산설비가 필요한가?
1. 창업 배경
2. 기업체질
3. 모회사와의 관계
4. 주주와의 관계
5. 기타(타 사업과의 관련 등)
예) 목표달성의 시기, 이익액, 본 사업의 목적 등
1. 전략과 성과의 인과관계 강도
예) 신뢰성 획득을 위해 수익성을 희생하더라도 핵심이 되는 사업을 성공시킨다. 새로운 기술을 활용한 제품을 투입한다. 등등
1. 자산이 그 업종용으로 특화되어 있다
2. 철수를 위한 고정비용이 높다
3. 전략적인 연관성 문제가 생긴다
4. 심리적 장벽
5. 정부 및 사회로부터의 제약

5 다섯 가지 경쟁요인 (2)
산업 내의 경쟁

지금까지는 신규 진입기업에 의한 산업 내 경쟁상태의 변화를 살펴보았다. 신규기업이 진입하면 산업 내의 경쟁은 심해지게 되고, 기존기업의 이익률은 낮아지게 된다. 지금부터는 산업 구조 분석의 두 번째 요인, 즉 '산업 내 기존경쟁업체들의 대립'에 관한 핵심사항을 알아보자. 산업 내에서 기업들의 대립이 생기면 당연히 경쟁이 심해지게 되고 이익의 저하 등이 일어나게 된다. 그러면 기존업체간의 대립이 격화되는 구조에 대해서 간단히 설명해 보기로 한다.

옛날 속담에 '모난 돌이 정 맞는다.'는 말이 있다. 바로 그대로의 일이 일어나고 있다. 포터 교수는 다음과 같이 기술하고 있다. 우선 산업 내에서 한 회사가 어떤 경쟁 방안을 시행했다고 하자. 한 회사에 의한 이런 행동은 동업자에게 곧 알려지고, 동업자는 그 회사에 대하여 보복행동을 한다. 그리고 그 행동을 일으킨 기업은 동업자로부터의 보복에 대해서 반격행동을 하는 것이다. 이 행동과 반격의 패턴이 산업 내의 구조에 영향을 미친다. 그 영향은 어느 쪽이 승리하거나 한 쪽이 유리하게 되는 경우도 있으나 경쟁이 확대되면 양쪽 다 자멸하게 되는 결과도 생각할 수 있다.

지금부터는 어떠한 경우에 산업 내의 적대행위가 심해지는가를 구조적으로 분석해 나가기로 한다. 포터 교수는 적대행위가 극심해지는 요인으로서 다음에 기술되는 8가지 항목을 제시하였다.

동업자가 많은가? 비슷한 규모의 회사가 많은가?

인원 수가 많은 단체를 통제하는 것이 큰일인 것처럼 회사의 수가 많으면 제멋대로 행동하는 회사도 많아지게 된다. 게다가 어떤 행동을 하여도 남들이 눈치채지 못한다고 생각하는 기업도 있다. 이러한 경우에는 산업 내의 대립이 일어나기 쉽다.

동업자의 수가 많지 않은 경우라도, 유사한 규모의 기업이 많이 북적거리는 산업에서는 그 와중에 대립이 커지기 쉽다. 이것은 다음의 예로 설명할 수 있다. 예를 들어 당신이 지갑을 개인으로 판매하고

동업자, 동일 규모 회사가 많을수록 경쟁은 심해진다

있는 상인이라고 하자. 길거리에서 크게 보자기를 펼쳐 놓고 지갑을 팔고 있다. 최근 지갑 판매가 붐을 이루고 있어서 동업자가 많이 생겼다. 비슷하게 길거리에서, 크게 보자기를 펼쳐 놓고 지갑을 파는 상인이 늘어났기 때문이다.

이러한 경우 당신은 상대에게 지지 않으려고 광고와 가격인하 등 여러 가지 서비스를 실행한다. 상대도 지지 않으려고 반격을 한다. 이렇게 해서 산업 내의 대립이 발생하기 쉽게 된다. 그러나 진입해 오는 기업이 개인 상인이 아니고 큰 점포를 가진 자금력이 있는 소매점인 경우 어떻게 될까? 시간이 경과함에 따라 당신은 그 기업에 지갑을 도매하는 역할이 되고, 가격도 통제받게 될 것이다.

이처럼 커다란 기업이 하나도 없고 여러 회사가 존재하는 경우, 그들이 산업의 리더가 되어 가격 지도력 등을 발휘하여 경쟁에 일정한 규칙을 행사하고 조정하는 역할을 수행할 수 있다.

산업의 성장이 느린가?

산업의 성장이 느린 경우에도 산업 내의 대립이 격화되기 쉽다고 포터는 말하고 있다. 산업의 성장이 빠른 경우에는 기업이 산업의 성장속도에 맞추어 가면 좋다. 산업이 성장하고 있기 때문에 기업은 업계의 성장에 맞추어 가는 것만으로 충분한 이익을 얻을 수 있다.

반대로 산업의 성장이 느린 경우에는 업계의 성장속도에 맞추어 가는 것만으로는 충분한 이익을 얻을 수 없게 된다. 충분한 이익은

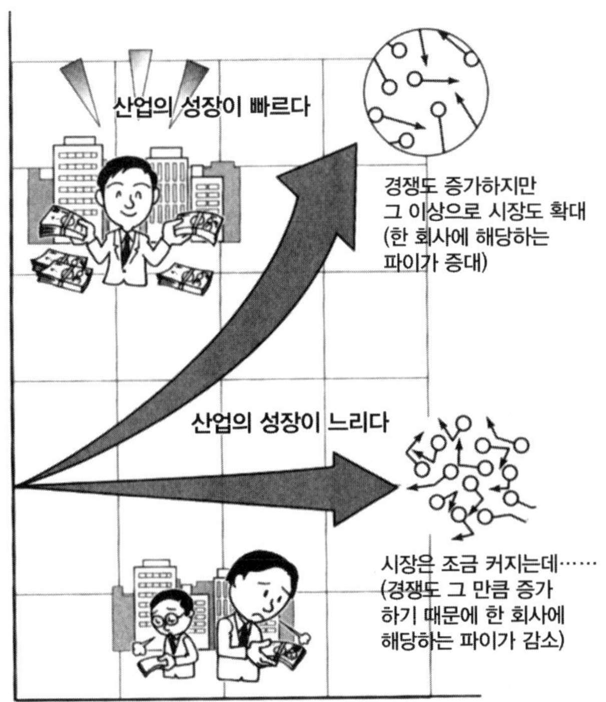

커녕 성장이 전혀 보이지 않는 산업에서는 업계의 성장을 기다리고 있다가는 수입이 제로가 되어 버릴 것이다. 이러한 산업에서 이익을 올리기 위해서는 결정적인 몫을 차지하는 수밖에 없다. 이렇게 하여 산업 내의 대립은 격화된다.

이 모습은 기아상태와 포만상태와 유사하다. 포만상태에서는 무엇이라도 먹을 것이 있을 경우에는 경쟁이 일어나지 않는다. 그러나 기아상태가 되어 쌀도 빵도 없는 상태에서는 작고 하찮은 음식이라도 다투는 경쟁이 일어난다. 이 경쟁은 산업 내의 기존기업에 의한 대립과 같다.

고정비용 혹은 재고비용이 높은가?

고정비용이 높은 기업은 가능한 한 많은 이익을 얻기 위해, 생산능력범위까지 생산을 하려고 한다. 고정비용이란 연구와 노력을 해도 줄이기가 쉽지 않은 비용으로, 생산기계 설비비 등을 가리킨다.

예를 들면 자전거의 평균가격이 이십만 원인 상황에서 큰 마음을 먹고 200만 원짜리 자전거를 산 경우를 생각해 보자. 오늘은 비가 온다. 보통 때라면 자전거를 타지 않고 지하철로 출근할 것이다. 그러나 당신은 200만 원을 주고 산 자전거의 본전을 뽑으려고, 조금 비가 오더라도 자전거로 출근하려고 할 것이다. 바로 이런 상황이다.

고정비용을 충당하려고(어렵게 이야기하면 손익분기점을 넘어서려고) 가능한 한 많이 생산하려고 하는 것이다. 산업 내의 기업이 가능한 한 생산을 늘리려 하면 그것만으로도 생산과잉이 되어 잘 팔리지 않게 된다. 그렇게 되면 산업 내의 경쟁이 심해지는 것은 당연하다.

고정비용, 재고비용이 높으면 많이 팔아야 하기 때문에 경쟁이 격화된다

재고비용이 높은 경우에도 비슷하다. 팔고 남은 상품을 재고로 보존하는 경우에 많은 자금이 필요하게 되면 가능한 한 재고를 줄이려고 노력할 것이다. 이를 위해 가격을 내리기도 하고, 광고를 많이 내보내기도 하여 산업 내의 경쟁이 심해지게 된다.

※ 포터 교수에 따르면 여기서 말하는 고정비용의 크기는 전체비용과 비교한 것이 아니고, 부가가치대비 고정비 비율의 크기를 말한다. 즉 전체비용에서 고정비용이 차지하는 비율이 낮더라도, 비교하는 기타의 비용이 사내에서 만들어내는 부가가치가 아닌, 단순히 외부에서 구입하는 비용이라면 손익분기점의 벽은 높은 그대로이다.

제품 차별화가 없는가?
구매자를 바꾸는 비용이 들지 않는가?

제품이나 서비스에서 본질적으로 차별화가 불가능한 경우, 즉 어느 기업에서도 동일한 제품이나 서비스를 제공하는 경우, 소비자는 무엇을 기준으로 선택할까? 낮은 가격과 서비스에 대한 보증이나 확실성이라는, 제품이나 서비스에서 얻어지는 핵심적인 가치 이외의 요소를 기준으로 선택한다. 그래서 그 부분이 경쟁을 야기하는 것이다.

당신이 사과를 판매하는 과일가게를 한다고 하자. 경쟁관계에 있는 A과일가게도 사과를 판매하고 있다. 사과 자체는 모두 같은 지방의 같은 품종으로 크게 다르지 않다. 이런 상황에서 당신이 A과일가게를 이기려면 어떻게 하면 좋을까? 아마도 저쪽에서 1000원에 판다면 당신의 가게에서는 사과를 900원에 팔고, 저쪽에서 시식할 수 없다면, 당신은 시식 서비스를 제공할 것이다.

그러나 당신은 사과를 판매하고 A과일가게는 귤을 판매하고 있다고 하자. 이런 경우에는 공생이 가능하여 경쟁이 일어나기 어렵게 된다. 이 과일가게의 예에서는 전자의 경우 업계 내의 대립이 격화되기 쉽고, 후자의 예에서는 업계 내의 대립이 격화되기 어렵다고 할 수 있다.

또한 구매자를 바꾸는 비용에 관해서도 동일한 설명이 가능하다. 구매자를 바꾸는데 많은 비용이 든다는 것은, 고객이 이미 정착해 버렸다는 것이다. 고객이 정착해버린 상황에서는 진입장벽이 높아서 경쟁이 일어나기 어렵게 된다.

제품 차별화가 없으면 다른 부분에서 경쟁이 심해지게 된다

❙ 생산능력을 조금씩 늘릴 수 없는가?

기업은 규모의 경제를 발휘하기 위해 항상 생산능력Capacity을 확대하려고 한다. 여기서 산업 내에서 기업의 생산능력을 조금씩 확대할 수 없는 경우를 생각해 보자. 즉 한 번에 많은 투자를 하여 생산능력을 확대하는 경우이다. 이런 경우, 생산능력을 확대한 기업이 대량으로 공급하기 때문에 공급과잉이 된다. 100개의 나사가 필요한 상황에서 1번에 1000개의 나사를 제조할 수 있는 기계는 과잉 생산능력이 되는 것이다.

과잉 생산능력이 되면 자동적으로 가격이 떨어지게 된다. 100개만 필요한 상황에서 1000개를 판매하려면 가격을 떨어뜨리는 전략 이외에는 방법이 없기 때문이다. 업계 내에서 이러한 생산능력 증가가 각 기업에서 발생하게 되면 가격저하와 생산능력 증가가 반복되어 서서히 경쟁이 격화되어 간다.

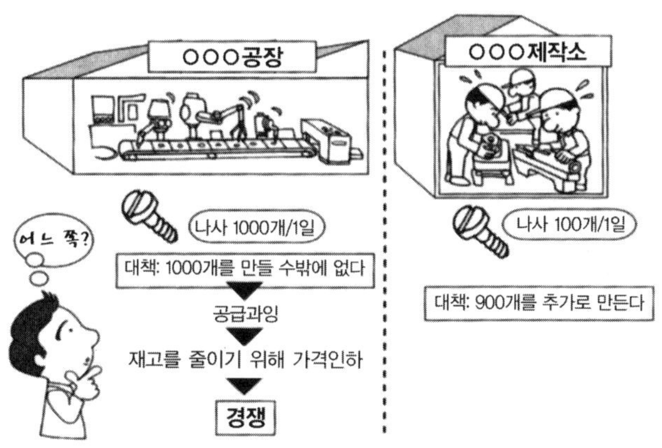

생산능력을 조금씩 늘려나갈 수 없는 산업은 경쟁이 일어나기 쉽다

한편 생산능력을 서서히 증가시킬 수 있는 산업의 경우에는 어떻게 될까? 100개의 나사제조를 110개로 하고, 그것이 안정되면 다시 120개로 하는 것이다. 이 경우에는 생산능력이 증가할 때마다 다소의 혼란이 있더라도 바로 흡수되어 대응할 수 있다. 따라서 산업 내는 안정되어 경쟁이 일어나기 어렵게 된다.

경쟁업체들이 이질적인 전략을 가지고 있는가?

경쟁업체가 서로 이질적인 전략을 가진다면 경쟁이 격화되는 것은 당연하다. 경쟁업체들은 10원이라도 많은 이익을 얻을 수 있도록 격전을 벌이며 앞으로 나오려고 한다. 모두가 앞서려고 할 때는 어떤 일이 일어날까? 상호 이익의 불일치가 일어난다. 어떤 업체에게는 이익이 되는 것이라도 다른 업체에게는 불이익이 되는 것도 있다. 게임이론의 죄수의 딜레마나 치킨게임 등도 그 일례라고 할 수 있다. 동업자가 서로 윈-윈의 관계를 구축할 수 있으면 상호이익이 되는 상태를 깨뜨리는 일은 없지만, 그 관계를 실천하게끔 의사소통을 하는 것은 쉽지 않다.

이것을 쉽게 이해할 수 있도록 한 예를 들어보자. 예를 들어 A사의 전략에는 전략1, 전략2가 있다고 하자. 전략1은 전략2에 비하여 예상수익이 크다. 한편 동업자인 B사는 A사가 전략1을 취하면 불이익이 대단히 커지게 된다. 그러나 전략2라면 영향은 없다. 이런 상황에서 A사가 B사를 생각하여 전략2를 선택할 것인가? 그런 여유는 없

각 경쟁업체의 전략이 이질적인 경우, 경쟁이 발생하기 쉽다

을 것이다. 게다가 현실적으로 한 기업은 많은 기업들과 관계를 맺고 있다. 이제는 그런 느긋한 말을 하고 있을 수 없다.

이질적인 전략은 이질적인 기업체질, 창업배경, 모회사와의 관계 등에서 생긴다. 따라서 이질적인 전략을 가졌는지의 여부가 업계에서 취할 수 있는 전략의 다양성이 있는가 아닌가로 귀결된다고 해도 좋다. 해외의 기업이 국내로 진출해오는 경우에도 그 이질성이 커진다. 해외기업은 기업체질도 다르고 목표도 다르다. 따라서 취할 수 있는 전략에 이질성이 있는 것도 지극히 당연한 것이다.

전략이 좋으면 성과도 커지는가?

다음은 '전략과 성과의 인과관계가 있을 때 경쟁이 격해진다.'고

하는 사례에 대해서 살펴본다. 기마전의 상품이 해외여행인 경우와 상품권 10000원 어치인 경우에서, 어느 쪽이 '이겨야지!' 하고 열심히 노력할 것인가. 어느 쪽이 보다 격렬한 싸움이 전개될까?

당연히 전자이다. 싸워서 얻을 수 있는 수확품이 크면 클수록 사람의 의지가 불타게 되는 것이다. 이런 것처럼 전략이 좋으면 성과가 큰 산업이라고 이해하고 있는 경우, 경쟁은 격화된다. 경쟁기업의 수가 많은 경우에는 더욱 격심하게 된다.

기업의 경쟁은 기마전과 같이, 잘하는 방법을 생각해낼 수 있으면 아무리 작은 기업이라도 성공할 가능성은 있다. 그러면 반대로 전략이 좋아도 성과가 작은 산업에서는 경쟁이 발생하기 어려운 것일까? 그렇지는 않다는 것을 유의해야 한다. '전략이 좋아도 성과가 작은 산업'은 좀더 구체적으로 말하면, 그 산업에 있어서 전략은 성과와 인과관계가 낮다는 의미다. 즉, 성과는 다른 요소에 기인하는 것이다.

예를 들어 성과는 노력에 의존한다고 하자. 그러한 산업에서는 모

전략과 성과의 인과관계가 클수록, 경쟁은 격화되기 쉽다

두가 경쟁적으로 노력을 기울인다. 그래서 경쟁은 심해지는 것이다. 따라서 '전략이 좋아도 성과는 작은' 산업은 경쟁이 격화되기 어려운 산업이라고 하면 틀린 것이다.

어디까지나, 여기에서 포터 교수가 말하고 싶은 것은 전략이 우수하면 결과도 좋은 산업에서는 흔히 수익성을 무시하더라도 사업을 확대하려고 하기 때문에 동업종간의 경쟁이 격화되기 쉽다는 것이다.

| 철수장벽이 높은가?

이번에는 진입장벽이 아니라 철수장벽(Exit Barrier)이다. 철수장벽은 가령 기업이 마이너스 수익으로 조업하는 상황이 되었다고 해도 그 산업에 머무를 수밖에 없게 하는 요인이다. 예를 들면 당신이 10억 원을 투자한 사업에서, 명백하게 실패하여 자금을 회수할 가망이 없다는 것을 알아도 앞으로 나갈 수도 물러날 수도 없는 상황인 것이다. 쉽게 상상이 되는가? 이러한 경우, '철수장벽이 높다.' 고 한다.

포터 교수는 철수장벽이 생기는 요인에 대해서 경제적, 전략적, 심리적 요인이 있다고 말한다.

1. 자산이 그 업종용으로 특화되어 있다

가령 그 기업에게는 아주 가치 있는 자산이라도, 다른 회사에서 활용할 이점이 없기 때문에 시장가치가 낮은 경우에는 철수하기 어렵게 된다. 예를 들어 자동차 타이어의 튜브를 제조하는 기계 등은 다른 기업에서 응용하기가 쉽지 않다.

2. 철수를 위한 고정비용이 높다

예를 들어 노동협약을 바꾸는 비용, 사원을 재배치하는 비용 등을 말한다.

3. 전략적인 연관성 문제가 생긴다

기업의 A부문을 철수하면 B부문에도 C부문에도 악영향이 생기는 경우를 상정해보자. 이 경우, 기업은 A부문을 철수시키기 어렵게 된다. 예를 들면 브랜드 이미지에 손상을 입히고, 한쪽의 철수로 공통비용에 의한 우위성이 없어지는 경우 등이 여기에 해당한다. 예를 들어 두 개의 부문이 공통으로 사용하는 톱니바퀴를 한 곳에서 대량으로 만들게 하여 경비절감을 꾀하는 경우, 그 한쪽 부문이 철수하면 규모의 경제가 약해지고 철수하지 않은 부문에도 영향이 생겨버린다.

4. 심리적 장벽

경영자의 애착으로 산업 내에 머무르는 경우이다.

5. 정부 및 사회로부터의 제약

국가나 지역의 경제활동에 지장을 가져오는 경우 등, 정부가 철수를 금지하는 경우가 있다. 고용기회의 감소나 무역마찰 등과 관련된 문제가 발생하는 경우가 있다.

철수장벽과 진입장벽의 차이

철수장벽과 진입장벽의 관계를 살펴보자. 우선, 진입장벽이란 신규 진입기업이 들어오기 어려움을 나타내는 것이다. 따라서 이것이 높은 것은 기존기업의 입장에서 보면 이익을 독점(과점)하기 쉬움을 의미한다. 즉, 한번 진입해버리면 기업 입장에서 보면 이익은 안정적이고 확실성이 높아진다는 의미다. 한편 철수장벽이 높다는 것은 한번 산업에 들어오면 실패하더라도 빠져나가는 것이 어렵다는 의미다. 따라서 그런 산업은 리스크가 크다고 할 수 있다.

이 두 가지 요소를 축으로 포터 교수는 다음 페이지의 그림과 같이 정리하였다. 그림의 왼쪽 윗부분부터 살펴보자. 진입장벽도 철수장벽도 낮은 기업은 평범한 것으로 매력이 없다. 밖에서는 신규기업이 눈을 반짝이고 있는데, 그들에게 이 산업은 쉽게 진입할 수 있기 때문에, 한 기업이 기대할 수 있는 수익은 낮다고 할 수 있다. 그러나 경영이 곤란해지는 경우에는 쉽게 철수할 수 있다는 의미에서 리스크는 그다지 없다.

그림의 왼쪽 아랫부분은 가장 매력도가 높다고 할 수 있다. 신규 진입기업이 적음에도 불구하고 경영이 곤란한 상황에서는 철수라는 해결책이 있기 때문이다. 진입하는 데는 상당한 용기가 필요하지만 한번 진입하면 안정된 사업을 경영해 나갈 수 있다.

진입장벽과 철수장벽

한편 그림의 오른쪽 윗부분을 살펴보자. 이것은 최악의 매트릭스이다. 진입은 용이하기 때문에 조금이라도 경기가 좋아지면 신규 진입기업들이 우르르 나타나지만, 철수가 곤란하기 때문에 경기가 나빠질 경우에도 산업의 생산능력은 줄어들지 않아 대단히 리스크가 높은 것이다.

마지막으로 그림의 오른쪽 아랫부분을 설명해 보자. 진입도 철수도 장벽이 크면 수익은 크더라도 커다란 리스크를 짊어지게 된다. 진입은 어렵더라도 성적이 나쁜 기업도 산업 내에 머물러서 계속 싸워야 하기 때문이다.

이처럼 철수장벽과 진입장벽의 관계는 산업의 특성을 나타내고 있다. 여러분이 이 주제를 이해할 수 있으면 산업 분석의 첫걸음을 내딛을 수 있다고 해도 좋다.

●●● 다섯 가지 경쟁요인 (3) 대체품의 위협

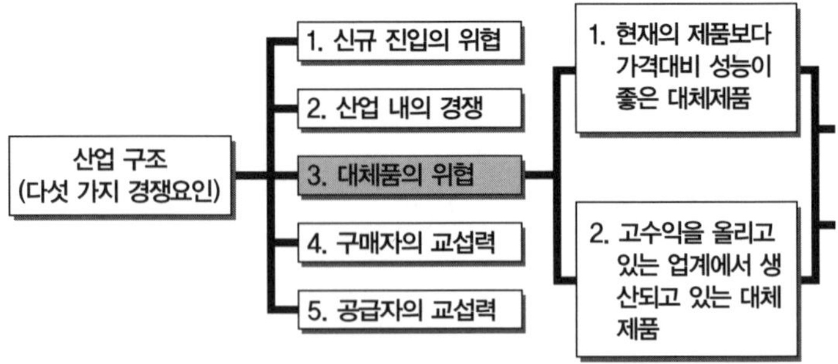

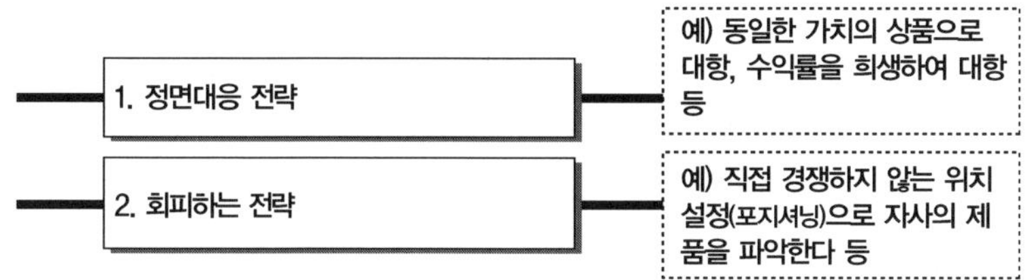
1. 정면대응 전략
예) 동일한 가치의 상품으로 대항, 수익률을 희생하여 대항 등
2. 회피하는 전략
예) 직접 경쟁하지 않는 위치 설정(포지셔닝)으로 자사의 제품을 파악한다 등

6 다섯 가지 경쟁요인 (3)
대체품의 위협

대체품이란 어떤 제품과 동일한 기능을 가진 제품으로서 구매자의 동일한 니즈(Needs)를 만족시키는 것을 말한다. 예를 들면, 디지털카메라와 카메라가 붙어 있는 휴대전화의 관계를 떠올리면 적절하겠다. 혹은 사탕과 콘시럽, 일반적인 오프라인 서점과 아마존으로 대표되는 온라인 서점 등 대체품은 각 업계에 존재한다.

포터 교수는 다음과 같은 대체품에는 특히 주의를 기울여야 한다고 말하고 있다.

1. 현재 제품보다 가격 대비 성능이 좋아지는 경향을 가진 제품

만일 대체제품이 현재의 제품과 같은 기능을 가지고 있으면서 가격이 싸다고 하면, 무서운 위협이 될 수 있다.

2. 높은 수익을 올리고 있는 업계에서 생산되고 있는 제품

고수익을 올리고 있는 기업은 새로운 추세를 만들어 낼만 한 자금력과 기업 역량을 겸비하고 있다. 따라서 갑자기 대체품을 일부 수정하여 대폭적인 성능향상이나 가격인하를 통해서 산업을 교란시킬 수도 있다. 그렇게 되면 상당히 위험하다.

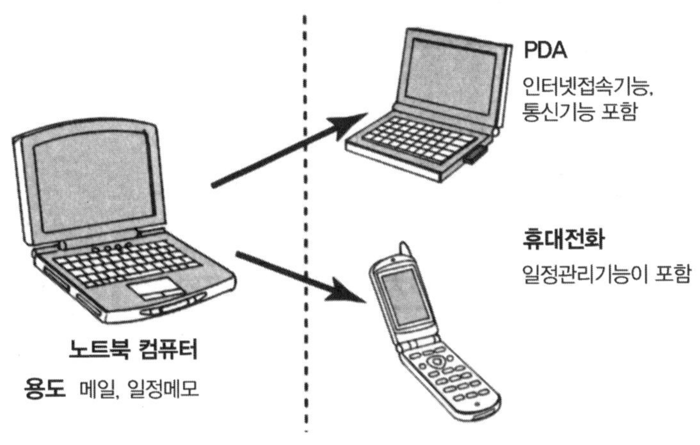

노트북컴퓨터의 대체품

대체품의 위협에 노출된 경우에 기업이 취해야 할 전략은 두 가지다. 즉, 대체품에 대항해서 정면으로 대응하든지 회피하는 전략을 취하든지 하는 것이다.

정면대응 전략은 쉽게 예상할 수 있을 것이다. 회피하는 전략이란 구체적으로 어떤 것을 의미하는 것일까? 그것은 기존제품과 대체품과의 차이점을 파악하고 그 차이점을 활용한 전략을 확립하는 것이다. 예를 들면 디지털카메라와 대체품(카메라 내장 휴대폰)의 경우를 생각해 보자. 디지털카메라 업체에서는 대체품이 가지기 힘든 화질의 우수성을 핵심 광고 메세시로 활용하여 동영상콘텐츠를 강조하는 판매전략을 생각할 수 있다.

●●● 다섯 가지 경쟁요인 (4) 구매자의 교섭력

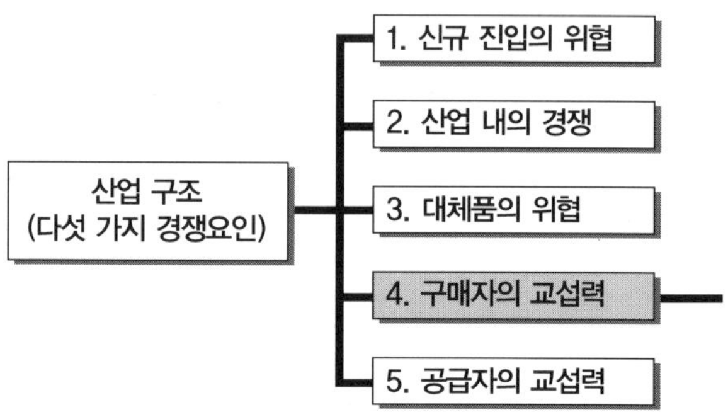

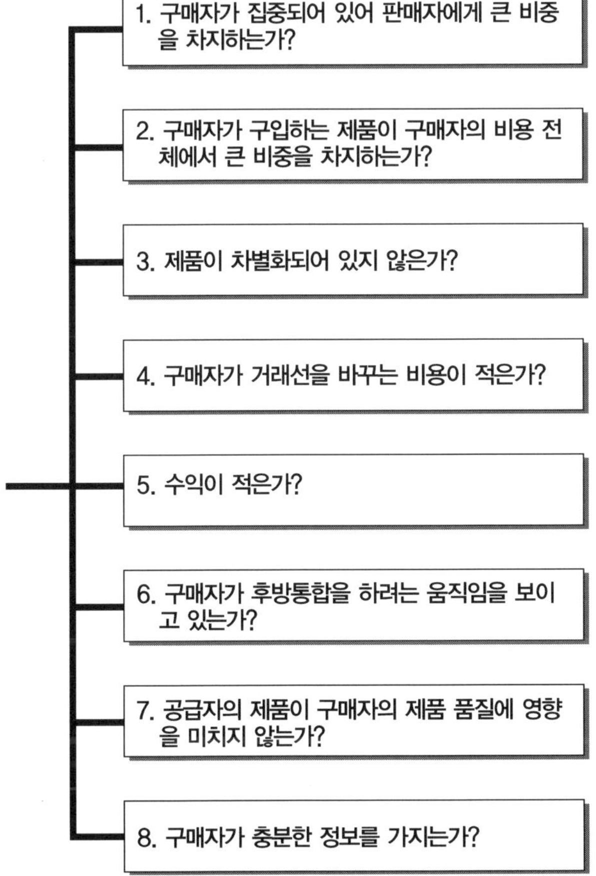
1. 구매자가 집중되어 있어 판매자에게 큰 비중을 차지하는가?
2. 구매자가 구입하는 제품이 구매자의 비용 전체에서 큰 비중을 차지하는가?
3. 제품이 차별화되어 있지 않은가?
4. 구매자가 거래선을 바꾸는 비용이 적은가?
5. 수익이 적은가?
6. 구매자가 후방통합을 하려는 움직임을 보이고 있는가?
7. 공급자의 제품이 구매자의 제품 품질에 영향을 미치지 않는가?
8. 구매자가 충분한 정보를 가지는가?

7 다섯 가지 경쟁요인 (4)
구매자의 교섭력

업계의 경쟁을 정의할 수 있는 요인으로서 구매자의 교섭력(Buyer's Bargaining Power)이 있다. 구매자란 일반적으로 '고객'이라고 불리는 소비자를 말한다. 그러나 원료 제조업자나 도매업자의 관점에서 보면 '구매자'란 자사 제품을 취급해주는 소매업자를 지칭한다. 여기에서는 자신들이 제공하는 제품이나 서비스를 구입해주는 상대를 '구매자'라고 정의한다.

구매자는 (1) '보다 좋은', (2) '보다 싼' 상품을 항상 추구하고 있다. 그렇다면 구매자들은 어떤 방법으로 '보다 좋고', '보다 저렴한' 제품을 손에 넣고 있을까? 그것은 업계를 상대로 싸우는 것이다.

예를 들면 야채가게에서 "조금 더 깎아 주세요."라고 하는 주부의 행동도 규모는 작지만 '구매자에 의한 교섭'의 일종이다. 이처럼 가격을 깎거나 높은 품질을 요구하기도 하고 공급자들을 경쟁에 붙이는 등, 업계를 상대로 싸우는 것으로 구매자는 이익을 얻으려고 한다. 그 결과 공급자의 업계는 수익성에 손상을 입게 된다. 즉, 업계에 대해서 구매자의 교섭력이 어느 정도 힘을 가지고 있는가 하는 것도 산업을 분석하기 위해서는 반드시 감안해야 하는 것이다.

지금부터 포터 교수가 제시한 8가지 핵심내용을 열거해본다. 이 8가지에 많이 해당될수록 대상 산업에 대한 구매자의 교섭력은 커지게 된다. 자기 회사와 관련된 구매자의 교섭력을 판단해 본다면 새로운 기회를 발견하게 될 수도 있을 것이다.

구매자가 집중되어 있어 공급자에게 큰 비중을 차지하는가?

구매자가 흩어져 있지 않고 집중화되어 있어서, 공급자의 총거래량과 비교해 볼 때 상대적으로 대량의 구매를 하는 경우, 구매자의 교섭력은 커지게 된다. 왜냐하면 구매자가 집중화되어 있는 경우에는 구매자가 'No'라고 말하여 거래가 없어져 버리면 공급자에게 지대한 영향을 미치기 때문이다.

다음의 두 가지 사례에서 생각해 보자.

사례1

당신의 회사에서는 오래 전부터 자동차에 사용되는 에어컨을 제조하고 있다. 현재 거래상대는 A자동차 한 회사이지만 수주량은 충분하여 경영상태는 상당히 안정적이다.

사례2

당신의 회사에서는 오래 전부터 자동차 타이어를 제조하고 있다. 덕분에 현재 거래상대는 20개 회사가 넘는다. 한 회사에서 얻어지는 이익은 그다지 크지 않지만 '티끌 모아 태산'이라고 경영상태는 상당히 안정되어 있다.

이상의 두 가지 사례에서 만일 거래상대 중 한 회사가 '단가가 높다. 가격을 내려 달라.'고 요구했다고 하자. 사례2의 경우에는 거래상대 기업이 많이 있기 때문에 "가격인하를 요구하시는데, 안됩니다. 꼭 그러셔야 한다면 유감입니다만 귀사와의 계약은 없었던 일로 해주십시오."라고 말할 수 있을 것이다. 한편 사례1의 경우, 만일 A자동차와의 계약이 끊겨버리면 회사의 수입원천이 없어져 버린다. 따라서 말도 안 되는 가격인하 요구에도 '없는 것보다는 낫다.'는 심정으로 참아야 하는 것이다. 이러한 경우 에어컨의 구매자인 A자동차의 교섭력이 강하다고 할 수 있다.

이처럼 업계의 구매자의 교섭력을 아는 것은 '구매자와 공급자 어느 쪽이 우세한 지위에 서 있는가?'라는 물음으로 귀결된다고 할 수 있다.

판매자에게 중요한 고객일수록 판매자의 입장은 약해진다

구매자가 구입하는 제품이 구매자의 비용 전체에서 큰 비중을 차지하는가?

이전 장에서 구매자의 교섭력이란 '구매자가 어느 정도 강한 지위에 있는가?'라는 물음과 같은 의미라고 설명하였다. 이번 장에서는 구매자의 교섭력을 이해하기 위해 새로운 개념을 설명하고자 한다. 그것은 '구매자가 가격에 얼마나 신경을 쓰고 있는가?'라는 요소이다. 구매자가 가격에 민감하면 그것만으로도 구매자의 교섭력은 강해진다.

그 구체적인 예의 하나가 이번 장의 제목인 '구매자가 구입하는 제품이 구매자의 비용, 혹은 구매품 전체에서 커다란 비중을 차지하는' 경우이다. 이러한 경우에는 구매자는 필사적이다. 비용의 많은 부분을 차지하고 있는 상품에 대해서는 반드시 싸게 구입하고 싶기 때문이다. 따라서 구매자는 시장조사에 비용을 아끼지 않고 전력을 다한다. 예를 들어 "그 부품을 그 가격에 파는 것은 터무니없다."라든지 "다른 곳에서는 반값에 팔고 있다."고 할 수 있다.

이와 같이 '구매자가 가격에 주의를 기울이게' 되면, 구매자가 제품에 대해서 더 현명해지게 되고 그만큼 '구매자의 지위'가 더 강해지게 된다. 그 영향으로 구매자의 교섭력은 상승하게 된다. 구매자가 제품이 아무래도 좋다고 하는 경우에는 구매자의 가격의식이 상당히 약해지게 된다.

비용에서 차지하는 비율과 구매자의 가격의식

❙ 제품이 차별화되어 있지 않은가?

구매자가 구입하는 제품이 차별화되어 있지 않은 표준품이면 구매자의 지위는 강해지게 된다. 이 경우 언제라도 다른 공급자를 찾을 수가 있다는 것을 알고 있기 때문에 공급자들을 서로 경쟁시킨다.

반대로 제품이 차별화되어 있는 상황을 생각해 보자. 예를 들어 그 부품은 A사에서만 구입할 수 있다고 하자. 당신의 제품에 있어서 이 부품은 없어서는 안 된다. 이 경우 가격이 아무리 비싸다고 생각해도 다른 곳에서는 손에 넣을 수가 없다. 구매자인 당신의 교섭력은 약해질 수밖에 없다.

그러나 이 부품을 B사에서도 C사에서도 살 수 있는 경우에는 상황이 바뀌게 된다. A사와 B사의 가격을 비교하고 대응을 살펴본 후

차별화되어 있지 않은 제품일수록 구매자의 입장이 강해진다

가격이 싼 쪽을 선택할 수 있다. 이 경우 당신의 교섭력은 강해지게 된다.

┃구매자가 거래선을 바꾸는 비용이 적은가?

이것은 쉽게 생각할 수 있는 내용이다. 구매자가 거래선을 변경하는데 비용이 들지 않는 경우, 공급자보다 강한 입장에 설 수가 있는 것이다. 쉽게 이해하기 위해 다음과 같은 상담 장면을 예로 들어보자. "이 제품은 좀 비싸네요." "그렇게 말씀하시면 좀 곤란합니다." "알겠습니다. 그러면 이제부터는 이 제품에 대해서는 A전기에서 구입하도록 하겠습니다. 실은 A전기에서 이런 이야기가 있었는데, 저렴하게 판매할 수 있다고 들었습니다."

이것은 거래선을 바꾸는 비용이 저렴하기 때문에 구매자의 교섭력이 강해지는 예이다. 마음에 들지 않는 문제가 생긴 경우, 구매자는 거래선을 A전기로 바꾸기만 하면 되기 때문이다. 그 다음은 이와 같은 위협적인 말을 한 후에 가격이 낮아지는 것을 기다리기만 하면 된다.

반대로 구매자가 해당 거래선과 자본이나 계열 등으로 거래가 있거나, 일정 물량의 전기제품을 매년 구입하는 것을 조건으로 특별회원 할인을 받는 계약을 체결하고 있는 등, 구매자가 거래선을 변경하는 비용이 많이 드는 경우에는 큰 손해와 결부되어 있기 때문에 지금까지와 같이 공급자인 기존의 거래선을 유지할 것이다. 핵심은 '누구

라도 거래선을 변경하는 비용이 비싸다.'라고 하는 것은 충분한 진입 장벽이 된다는 것이다.

┃수익이 적은가?

앞에서 정의한 것처럼 구매자가 가격을 신경 쓰게 된다면, 구매자의 교섭력은 올라간다. 수익이 낮은 기업은 조금이라도 많은 수익을 올리기 위해 비용 삭감에 필사적이다. 그 결과, 가능한 한 싸게 파는 공급자를 찾고, 제품에 대한 지식을 풍부하게 가지려고 한다. 즉 구매자가 가격을 신경 쓰게 되는 것이다. 따라서 구매자의 교섭력은 상승하게 된다.

반대로 수익이 높은 기업이 구매자일 경우에는 가격에 대해서는 느긋하게 여유가 있어, 공급자와 좋은 관계유지를 우선으로 하기 때문에 다소 가격이 높더라도 긴 안목에서 보게 된다(물론 구매자의 수익이 높아도 구매자가 구입하는 제품이 구매자의 전체구입량에서 큰 비중을 차지하는 경우에는 이야기가 달라진다).

구매자가 후방통합을 하려는 움직임을 보이고 있는가?

후방통합(Backward Integration)이라는 것은 구매자가 다른 공급자와 제휴, 합병을 하거나 직접 회사를 설립하여 후방(공급자측) 비지니스에 진입하는 것을 말한다. 예를 들어 자동차 업계에서 자동차의 원료가 되는 부품공장을 자동차 제조회사가 매수하는 사례는 많이 들어본 이야기이다.

"당신의 공장에서 구입하는 부품은 우리 회사가 조그만 공장을 매수해서 자체생산을 할 계획이 있습니다…"라고 말하면 현재의 거래선인 기업에 강력한 위협을 줄 수 있게 된다. 대형 제조회사가 부품을 수주하는 경우라면 그 수주량도 큰 경우가 많기 때문에 그것을 취소한다면 그 공장에 있어서는 상당히 고통스런 이야기다.

따라서 공장주는 다음과 같이 말할 것이다. "죄송합니다만 그런 말씀은 잠깐 기다려주십시오. 지금까지 500만 원에 납품했지만 지금부

구매자가 후방통합을 하려는 움직임을 보이면, 판매자의 교섭력은 약해진다

터는 400만 원으로 고려해보겠습니다. 앞으로도 저희와 거래를 부탁드립니다." 이 시점에서 공급자의 교섭력은 없다. 구매자의 교섭력이 단연 강한 것이다.

이와 같이 구매자가 후방통합을 하려는 움직임을 보일 경우에는 구매자의 입장이 강해지고 구매자의 교섭력은 상승하게 된다.

공급자의 제품이 구매자의 제품 품질에 영향을 미치지 않는가?

지금까지 다음의 두 가지 상황에 빠지기 쉬운 업계는 구매자의 교섭력이 강해지는 경향이 있다고 서술하였다.

(1) 구매자가 강한 지위에 있을 때
(2) 구매자가 가격에 신경을 쓸 때

이번 장은 2번의 포인트와 관계가 있다. 그것은 공급자의 상품이 구매자에게 있어 중요한 위치를 점하고 있을 때 가격에는 민감하지 않게 되기 때문이다. 예를 들어 현미경을 만드는 제조회사에게 렌즈는 생명과도 같은 부분이다. 조금이라도 손상이 있으면 초점이 잘 맞지 않기 때문에 제품자체의 가치가 없어져 버린다. 따라서 손상이 없는 렌즈를 정확하게 만들기 위해서 기업은 렌즈를 만드는 기계에는 돈을 아끼지 않는다.

그러나 현미경의 뚜껑부분은 그다지 중요하지 않다. 따라서 그 부분에는 돈을 들일 필요가 없다. 따라서 현미경 제조회사는 10원이라도 싼 뚜껑을 구하기 위해 공급자를 선정하게 된다. 바로 '구매자가 가격에 신경을 쓰는' 상황이다.

그러나 이것은 '구매자가 구입하는 제품이 구매자의 전체 구입품에서 커다란 비중을 차지하는 경우'와 모순 되는 것은 아닐까? 이렇게 생각하는 분도 있을 것이다. 그러나 그것은 어디까지나 순전히 비용에 관련된 이야기다. 비용 중에서 커다란 비중을 차지하는 경우에는 구매자가 가격에 신경 쓰게 되고 교섭력이 증대되는 것이다.

이번 장의 '아무래도 좋다.' 라는 것은 제품의 품질이라는 의미에서 '아무래도 좋다.' 는 것이고, 가격의 이야기는 아닌 것에 주의하기 바란다.

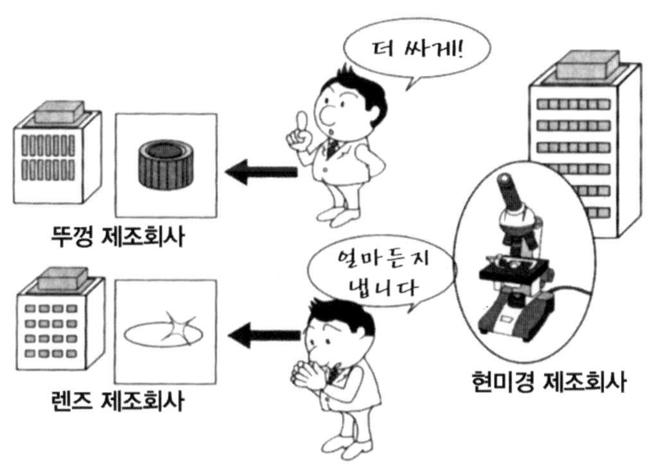

구매자가 충분한 정보를 가지는가?

구매자가 제품에 관해서 정보를 충분히 가지게 되면 구매자의 교섭력은 증가한다. 구매자가 제품의 수요동향, 실제 시장가격, 더 나아가서 공급자의 비용에 대해서까지 충분한 정보를 가지고 있으면 정보가 부족할 때에 비해 구매자의 교섭력이 커지게 된다.

회사	제품	가격	품질
A사	X	85만원	…
B사	Y	72만원	…
C사	Z	65만원	…
…	…	…	…

충분한 정보를 가진 구매자일수록 교섭력은 강해진다

예를 들어 비용을 모두 파악하고 있는 사람이 교섭의 장에 있으면, 파악하지 못한 사람보다 우위의 교섭을 할 수 있는 것이다. 다음과 같은 상황이 가능할 것이다. "이 제품이 100만 원이라고요. 농담하지 마세요. 이 제품의 비용은 30만 원밖에 안하는데. 운송비, 판매 인건비 등을 포함시켜도 100만 원은 너무 지나치네요."

만일 고객에게 이런 말을 듣고 그 내용이 정확하다면 공급자는 사과하지 않을 수 없다. 구매자는 상품에 대한 정보를 많이 가짐으로써 보다 강한 입장이 될 수 있다. 이해하기 쉬운 예로 영화관에서 판매하고 있는 2000원짜리 주스는 누구라도 비싸게 느낀다. 영화관과 같이 수요가 우선시되면 이야기는 달라지지만 이것과 동일한 것을 일반 거리의 자판기에서 판매한다면 대부분의 고객은 가격을 보고 도망가 버릴 것이다.

구매자의 교섭력을 전략에 따라 변화시킬 수 있는가?

지금까지 8가지를 설명한 것처럼 구매자의 교섭력은 여러 가지 요인으로 인해 강해지기도 하고 약해지기도 한다. 이것을 이해한 후에 기업은 어떻게 하면 좋을지를 생각해보아야 한다. 어느 업계에서도 많은 수익을 올리기 위해서는 결국 구매자의 교섭력이 낮아야 한다. 왜냐하면 구매자의 교섭력이 낮은 쪽이 경쟁이 일어나기 어렵게 되어 기업의 수익이 커지기 때문이다.

그러면 기업 측에서 구매자의 교섭력을 작게 만들 수 있을까? 이 질문에 대한 대답으로 포터 교수는 기업의 전략이나 노력여하에 따라 구매자의 교섭력을 줄일 수가 있다고 하였다. 구매자의 교섭력은 시간의 경과나 회사가 취하는 전략에 따라서 그것을 변화시킬 수가 있다는 것이다. 그 결과 구매자의 교섭력은 강해지기도 하고 약해지기도 한다.

그리고 기업 거래선으로서 구매자를 선택하는 것은 전략에서 결정적 요인이라고 할 수 있다. 즉, 기업에게 압력을 행사하는 힘이 가장 약한 구매자, 교섭력이 가장 약한 구매자를 찾음으로써 공급자의 전략적 입장은 강화되는 것이다. 구매자가 하나의 업계에 편중되어 있는 경우는 거의 없다. 기업은 '구매자를 선택' 해 나가야 한다.

교섭력이 약한 구매자를 선택함으로써 판매자의 입장은 강해진다

●●● 다섯 가지 경쟁요인 (5) 공급자의 교섭력

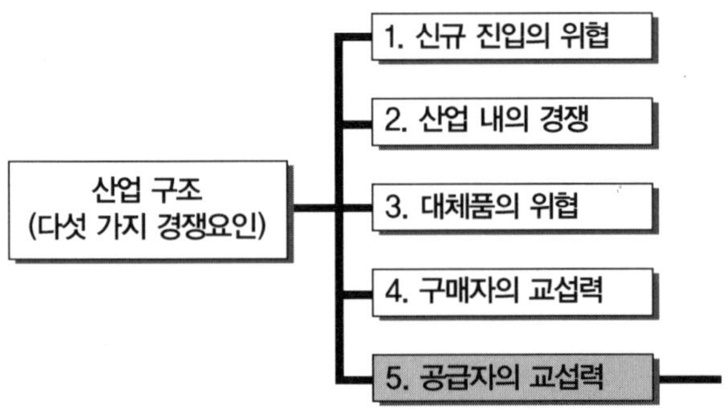

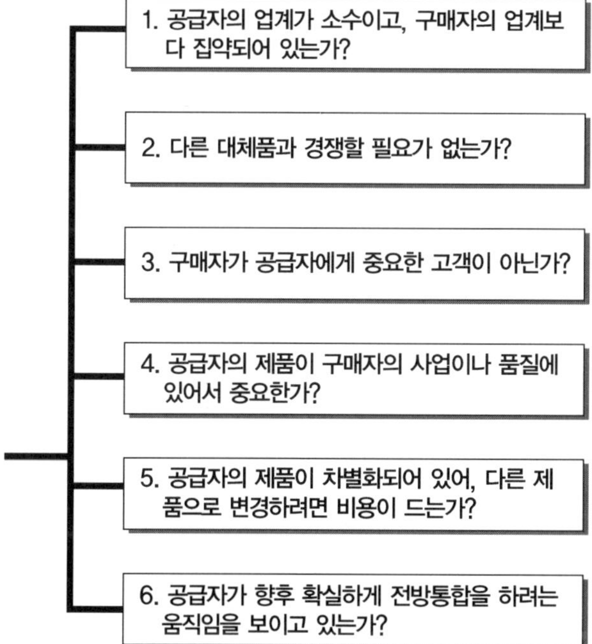
1. 공급자의 업계가 소수이고, 구매자의 업계보
다 집약되어 있는가?
2. 다른 대체품과 경쟁할 필요가 없는가?
3. 구매자가 공급자에게 중요한 고객이 아닌가?
4. 공급자의 제품이 구매자의 사업이나 품질에
있어서 중요한가?
5. 공급자의 제품이 차별화되어 있어, 다른 제
품으로 변경하려면 비용이 드는가?
6. 공급자가 향후 확실하게 전방통합을 하려는
움직임을 보이고 있는가?

8 다섯 가지 경쟁요인 (5)
공급자의 교섭력

전장까지는 산업에 영향을 미치는 구매자의 교섭력을 검증하였다. 이제는 반대의 입장, 즉 공급자의 교섭력(Seller's Bargaining Power)을 살펴보기로 한다. 여기서 공급자란 원료를 공급하는 업계를 말한다. 자동차 제조회사에서 본다면 공급자란 부품업체를 가리킨다. 한편 부품업체에서 보면 공급자는 금속가공업 등을 가리키며, 금속가공업체에서 본 공급자는 금속채굴업자가 된다.

공급업자는 가격이나 품질을 변동시킴으로써 산업에 영향을 미친다. 특히 가격을 올리고 품질을 떨어뜨리는 일은 산업을 위협하는 것이라 할 수 있다. 그러나 어떤 공급자라도 가격이나 품질을 자유롭게 바꿀 수는 없다. 그런 것을 자유롭게 할 수 있고, 경쟁에서 승자가 될 수 있는 것은 교섭력을 가진 공급자만이 가능하다. 자기 회사가 속해 있는 산업에서는 공급자의 교섭력이 약한 경우가 좋다고 할 수 있다. 그런 상황에서는 산업의 경쟁이 발생하지 않고, 평화롭게 수익을 올릴 수 있기 때문이다.

그러면 도대체 어떤 요인에 의해서 공급자의 교섭력이 강해지는 것인가? 포터 교수는 다음과 같은 6가지 요인을 말한다. 앞에서처럼 체크항목을 보면서, 자기 회사가 속해 있는 산업에서의 공급자의 교섭력을 검증해보면 좋겠다.

공급자의 업계가 소수이고, 구매자의 업계보다 집약되어 있는가?

공급자의 업계가 소수의 기업에 의해서 좌지우지되고, 구매자의 업계보다 집약되어 있는 경우, 공급자의 교섭력은 강해진다. 즉, 공급자의 업계 규모가 크고 안정되어 있는데, 구매자가 작고 흩어져 있는 기업이라면 맞서 겨룰 수가 없다. 특히 다수가 경쟁하고 있는 구매자 업계에 공급하는 공급자는 교섭측면에서 커다란 힘을 발휘할 수 있다.

사례

당신은 국내에서 유일하게 환상적인 커피원료 'HWANSANG'을 공급하는 판매업자이다. 처음에는 조금씩 판매하고 있었지만 점차 고객이 늘어나서 지금은 커피 제조회사 등 고객이 많이 있다.

이런 상황에서는 'HWANSANG'의 가격이 당신의 회사에 의해서 결정된다. 당신이 가격을 1만 원으로 정하면 1만 원이 되고, 2만 원으로 정하면 2만 원이 된다. 가령 2만 원은 비싸다고 하는 고객이 있으면, 그 고객에게는 팔지 않으면 된다는 말이다. 고객은 많이 있기 때문이다. 공급자의 교섭력이 크다고 하는 것은 위의 예와 같은 상태를 가리킨다.

공급자의 교섭력이 크다는 것은 구매자의 교섭력이 약하다는 것이다. 즉, 구매자의 교섭력에 대한 설명과 반대라고 생각하면 좋다. 구매자의 교섭력이 강하게 되는 요인은 '구매자가 공급자보다 강한 지위에 있는' 경우와 '구매자가 가격에 신경을 쓰고 있을 때'였다. 따라서 공급자의 교섭력이 강해지는 요인은 '공급자가 구매자보다 강한 지위에 있는' 경우와 '공급자가 가격에 신경을 쓰고 있을 때'가 된다. 위의 사례는 물론 전자의 경우이다.

수요와 공급

다른 대체품과 경쟁할 필요가 없는가?

판매자인 공급업자가 아무리 강한 기업이라고 하더라도 대체품과 경쟁해야 한다면 그 위력은 감소한다. 가능하면 대체품은 없는 편이 좋다. 공급자가 구매자보다 강한 입장에 있다는 것은 구매자가 공급자를 선택할 수 있는 여지가 적다는 것을 의미한다.

대체품의 존재는 공급자를 선택할 수 있는 가능성이 늘어난다는 의미에서 공급자의 교섭력을 약하게 하는 결과를 초래한다. 대체품이 없는 산업을 생각하는 것은 어려운 일이다. 어떤 산업이라도 대체품은 반드시 존재한다. 역으로 대체품이 제공할 수 없는 차별화된 포지셔닝으로 자사 제품을 개발하고 개선하는 것이 중요하다고 할 수 있다.

진정한 의미에서 대체품에 이길 수 있는지가 중요

구매자가 공급자에게 중요한 고객이 아닌가?

구매업체가 공급자에게 중요한 존재가 아니라면 판매업체에게는 여유가 있다. 그 여유가 강한 지위를 만들어준다. 구매자의 교섭력 항목에서 다음과 같은 두 가지 사례를 들었었다.

사례1

당신의 회사에서는 오래 전부터 자동차에 사용되는 에어컨을 제조하고 있다. 현재 거래 상대는 A자동차 한 회사이지만 수주량은 충분하여 경영상태는 상당히 안정적이다.

사례2

당신의 회사에서는 오래 전부터 자동차 타이어를 제조하고 있다. 덕분에 현재 거래 상대는 20개 회사가 넘는다. 한 회사에서 얻어지는 이익은 그다지 크지 않지만 '티끌 모아 태산'이라고 경영상태는 상당히 안정되어 있다.

구매자의 교섭력이 강한 것은 사례1의 경우라고 설명했다. 구매자가 공급자에게 중요한 경우에는 구매자의 교섭력이 강화된다. 구매자의 교섭력은 공급자의 교섭력과 반대이므로, 공급자의 교섭력이 강한 경우는 사례2가 된다. 당신이 공급자이지만 자동차 제조회사에게 강하게 가격인상을 요구할 수 있다. 만일 그것이 관철되지 않으면 교섭을 중단하면 된다. 대신 사 줄 곳은 얼마든지 있다.

이와 같이 구매자와 공급자는 표리일체의 관계다. 공급자가 이득을 보면 구매자는 손해를 보고, 구매자가 이득을 보면 공급자가 손해를 보기 때문이다. 경쟁은 이런 것이다.

공급자의 제품이 구매자의 사업이나 품질에 있어서 중요한가?

이전 장에서는 공급자의 관점에서 구매자가 중요하지 않을 때 공급자의 입장이 강화된다고 설명했다. 이번에는 구매자의 관점에서 살펴보자. 당연히 구매자에게 있어서 공급자의 제품이 중요하다면, 공급자의 교섭력은 커지게 된다. 구매자의 교섭력을 설명할 때 제시한 현미경 제조업체의 사례를 생각해 보자.

현미경을 만드는 회사에게 렌즈는 생명과도 같은 부품이다. 조금이라도 흠집이 있거나 초점이 맞지 않으면 제품 자체의 가치가 없어져 버린다. 그래서 정확하고 흠이 없는 렌즈를 만들기 위해서 렌즈를 만드는 기계에는 돈을 아끼지 않는다. 돈보다 품질이 중요한 것이다. 이런 경우, 공급자는 상식 범위 내에서 가격을 자유롭게 제시할 수 있다. 공급자가 강한 입장인 것이다.

특히 공급자의 제품이 쌓아둘 수 없는 것으로 구매자가 충분한 양의 재고를 가지고 있을 수 없는 경우에는 공급자의 교섭력이 더욱 강해진다. 왜냐하면 제품을 쌓아둘 수 있다면 대량 일괄 구입함으로써 구매자는 교섭력을 증대시킬 수 있기 때문이다.

공급자의 제품이 차별화되어 있어, 다른 제품으로 변경하려면 비용이 드는가?

공급자의 제품이 차별화되어 있어서 다른 제품으로 변경하려면 구매자의 비용이 증가하는 경우에는 공급자의 교섭력이 커지게 된다. 이것은 공급자가 강한 입장에 설 수 있기 때문이다. 구매자는 일반적으로 공급업체를 경합시켜서 제품의 가격을 낮추려고 하지만, 공급자의 제품이 차별화되어 있으면 그렇게 되지 않는다. 따라서 구매자의 교섭력은 약해지게 된다.

그렇다면, 차별화된 제품을 변경하는데 비용이 발생하는 것은 어떤 이유일까? 예를 들어 당신이 약사라고 하자. 지금 감기약 β를 만들고 있다. 감기약 β는 오신과 안토키신이라는 두 종류의 성분을 반반씩 섞으면 완성된다. 곧 오신 성분의 재고가 없어질 것 같아서 오신 성분의 구매처인 A제약의 영업사원을 불렀다. 영업사원은 미안하다는 표정으로 가격을 2배로 올려달라고 했다.

두 배의 가격은 너무 비싸다고 할 수 있다. 그리고 오신과 대등한 효과가 있는 오신 Z가 있다고 하자. 오신 Z가 유일하게 오신을 대체할 수 있다. 여기에서 오신 Z의 가격에 대해서 다음과 같은 두 가지 사례를 생각해 보자.

사례1: 오신 Z의 가격이 오신과 거의 비슷한 경우

사례2: 오신 Z의 가격이 오신의 두 배 오른 가격보다 훨씬 비싼 경우

사례1의 경우라면 당신은 망설임 없이 "그렇다면 오신은 필요 없고, 다음부터는 오신 Z를 가져다 주세요."라고 할 것이다. 그러나 사례2의 경우에는 "할 수 없군요. 2배로 하지요. 주십시오."라고 할 수밖에 없다. 즉, 사례2에서는 공급자가 가격을 두 배로 인상했음에도 불구하고 구입할 수밖에 없는 것이다. 왜냐하면 오신 Z으로 변경하는데 비용이 너무 크기 때문이다. 이런 경우에는 공급자의 교섭력이 커지게 된다.

공급자가 향후 확실하게 전방통합을 하려는 움직임을 보이고 있는가?

이것은 상당히 힘든 일이다. 그렇게 간단하게 어떤 기업이든 할 수 있는 일이 아니다. 기업이 거대해지면 거래나 상담, 영업이라는 일련의 판매 행위에 드는 인건비, 시간적 비용 혹은 정신적 비용을 줄이기 위해서 구매자를 흡수해 버리는 경우가 있다. 이러한 통합, 매수,

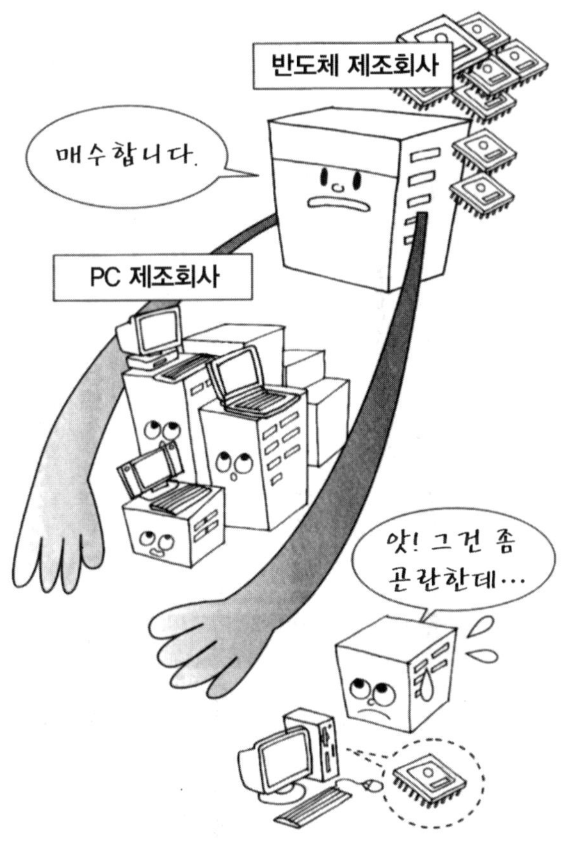

제휴를 '전방통합'이라고 한다.

전방통합을 당한 구매자에게는 더 이상 교섭의 여지가 남아 있지 않다. 왜냐하면 구매자는 공급업체의 자회사가 되어 버리기 때문이다. 구매자의 교섭력을 설명할 때와 마찬가지로 공급자의 교섭력도 시간의 변화나 기업이 취하는 전략에 따라서 강해지기도 하고 약해지기도 한다. 이런 의미에서 전략이 중요하게 된다.

제1장 정리

이상 다섯 가지 요인을 통하여 산업의 경쟁상태가 변화하는 요인을 생각해 보았다. 제1장의 목적은 기업의 상태를 파악하는 것보다 산업의 구조를 파악하는 데 있다는 것을 잊지 말아야 한다. 산업에는 다섯 가지 요인이 작용하여 경쟁상태가 변화한다. 그것을 MECE*(누락이나 중복 없이)하게 분석함으로써 어느 것이 가장 큰 요인인가 판단할 수 있다.

그리고 산업의 경쟁요인이 파악되면 그 결과를 가지고 기업의 경쟁전략을 이끌어 낼 수 있다는 것이 포터 교수가 제안하는 흐름이다. 이 흐름을 항상 머리에 넣어 두고 이 책을 읽는 게 좋겠다.

이것으로 제1장 「산업 구조 분석의 기초」를 마친다.

*Mutually Exclusive Collectively Exhaustive

제2장

세 가지 기본 경쟁전략

1장
산업 구조 분석의 기초(다섯 가지 요인)

3장
산업과 경쟁자의 분석

전략의 수립

4장 산업 환경별 전략

5장 주요 전략의 결정

2장 세 가지 기본 경쟁전략

1 세 가지 기본 전략

다시 한 번 말하지만 이 책의 목적은 자기 회사가 속해 있는 산업의 경쟁상황을 파악하고 경쟁전략을 세우는 것이다. 포터 교수는 "산업의 경쟁상황은 다섯 가지 요인에 의해서 결정된다."고 말한다. 이 다섯 가지 요인이란, 「신규 진입자의 위협」, 「산업 내의 경쟁」, 「대체품의 위협」, 「구매자의 교섭력」, 「공급자의 교섭력」이다.

여기에서 주의해야 할 것은 다섯 가지 요인 전부를 고려할 필요는 없다는 것이다. 분명하게 산업의 경쟁은 이 다섯 가지에 의해서 정의될 수 있다. 그러나 다섯 가지의 모든 요인에 대항하는 전략에 대해, 동일한 힘을 들여서는 비용대비 성과도 낮고 충분한 성과를 얻을 수 없다. 그래서 가장 큰 요인이 되는 「제1의 결정요인」을 찾아내어 그것에 집중한 경쟁전략을 세우는 것이 핵심사항이 된다.

그렇다면 산업의 구조 분석이 완료되면 어떻게 하는 것이 좋을까? 구조 분석을 한 것만으로 자동적으로 경쟁전략이 도출되지는 않는다. 여기에서 더욱 연구할 여지가 있다. 이 경쟁전략을 도출하는 실마리를 제공해 주는 것이 제2장 「경쟁전략의 개요」부분이다. 제2장을 공부하면 복잡하게 느껴지는 경쟁전략도 기본적으로는 세 가지 형태밖에 없다는 것을 알 수 있다. 게다가 이 세 가지 중에서 하나를 선택하여 집중해야 하는 것도 알게 된다.

세 가지 기본 형태는 「원가 우위 전략」, 「차별화 전략」 그리고 「집중 전략」이다. 각각의 항목에 대해서 포터 교수의 전개에 맞추어 하나씩 살펴보기로 하자.

●●● 세 가지 기본전략

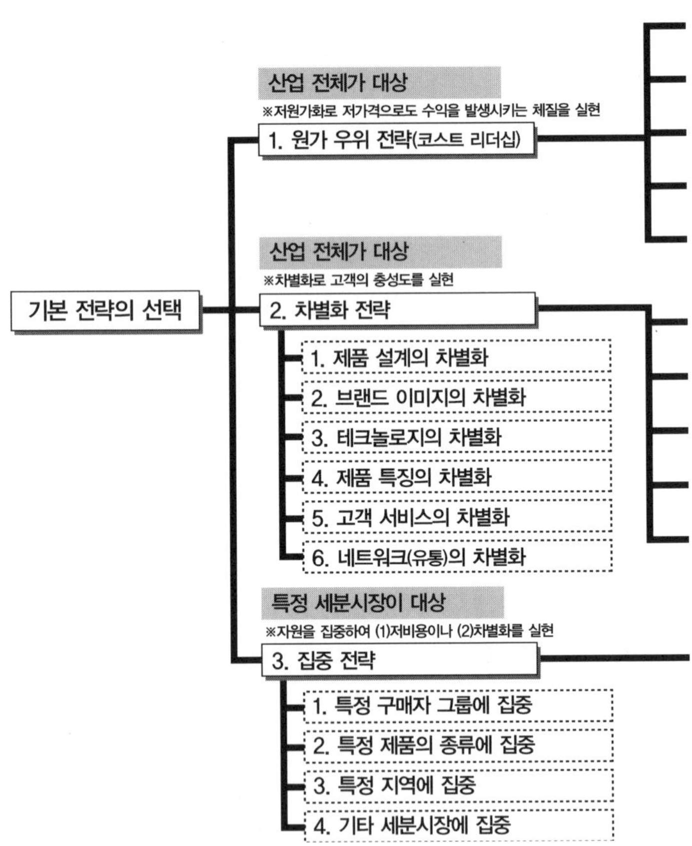

산업 전체가 대상
※저원가화로 저가격으로도 수익을 발생시키는 체질을 실현
1. 원가 우위 전략(코스트 리더십)
산업 전체가 대상
※차별화로 고객의 충성도를 실현
기본 전략의 선택
2. 차별화 전략
1. 제품 설계의 차별화
2. 브랜드 이미지의 차별화
3. 테크놀로지의 차별화
4. 제품 특징의 차별화
5. 고객 서비스의 차별화
6. 네트워크(유통)의 차별화
특정 세분시장이 대상
※자원을 집중하여 (1)저비용이나 (2)차별화를 실현
3. 집중 전략
1. 특정 구매자 그룹에 집중
2. 특정 제품의 종류에 집중
3. 특정 지역에 집중
4. 기타 세분시장에 집중

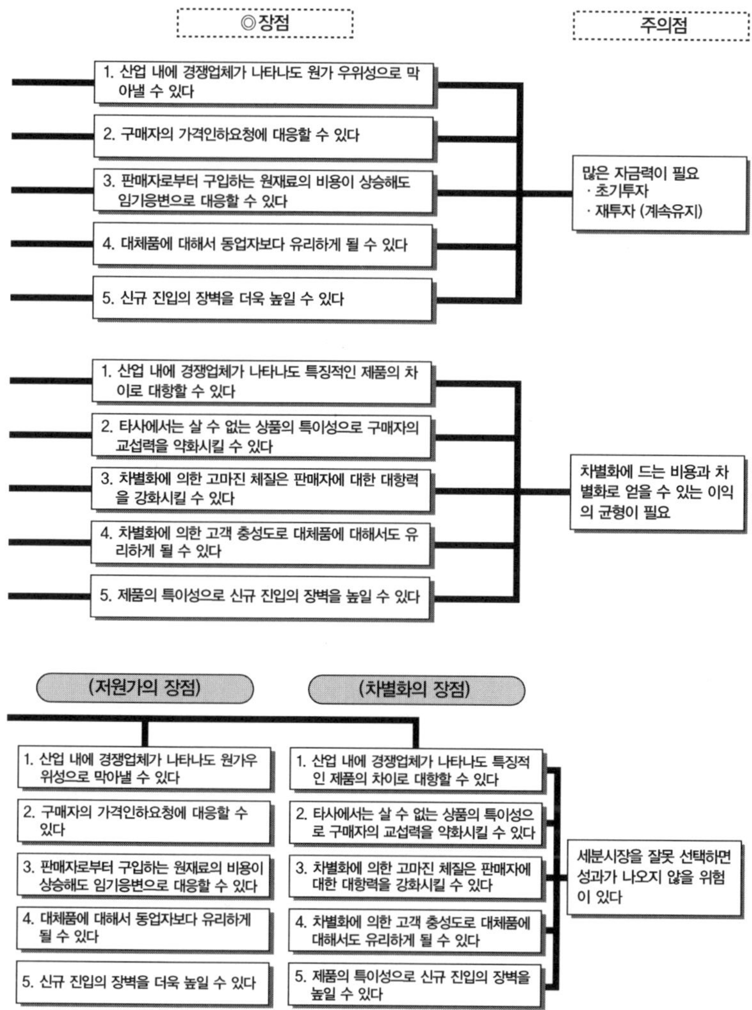
◎장점
주의점
1. 산업 내에 경쟁업체가 나타나도 원가 우위성으로 막아낼 수 있다
2. 구매자의 가격인하요청에 대응할 수 있다
3. 판매자로부터 구입하는 원재료의 비용이 상승해도 임기응변으로 대응할 수 있다
4. 대체품에 대해서 동업자보다 유리하게 될 수 있다
5. 신규 진입의 장벽을 더욱 높일 수 있다
많은 자금력이 필요
· 초기투자
· 재투자 (계속유지)
1. 산업 내에 경쟁업체가 나타나도 특징적인 제품의 차이로 대항할 수 있다
2. 타사에서는 살 수 없는 상품의 특이성으로 구매자의 교섭력을 약화시킬 수 있다
3. 차별화에 의한 고마진 체질은 판매자에 대한 대항력을 강화시킬 수 있다
4. 차별화에 의한 고객 충성도로 대체품에 대해서도 유리하게 될 수 있다
5. 제품의 특이성으로 신규 진입의 장벽을 높일 수 있다
차별화에 드는 비용과 차별화로 얻을 수 있는 이익의 균형이 필요
(저원가의 장점)
(차별화의 장점)
1. 산업 내에 경쟁업체가 나타나도 원가우위성으로 막아낼 수 있다
2. 구매자의 가격인하요청에 대응할 수 있다
3. 판매자로부터 구입하는 원재료의 비용이 상승해도 임기응변으로 대응할 수 있다
4. 대체품에 대해서 동업자보다 유리하게 될 수 있다
5. 신규 진입의 장벽을 더욱 높일 수 있다
1. 산업 내에 경쟁업체가 나타나도 특징적인 제품의 차이로 대항할 수 있다
2. 타사에서는 살 수 없는 상품의 특이성으로 구매자의 교섭력을 약화시킬 수 있다
3. 차별화에 의한 고마진 체질은 판매자에 대한 대항력을 강화시킬 수 있다
4. 차별화에 의한 고객 충성도로 대체품에 대해서도 유리하게 될 수 있다
5. 제품의 특이성으로 신규 진입의 장벽을 높일 수 있다
세분시장을 잘못 선택하면 성과가 나오지 않을 위험이 있다

원가 우위 전략(코스트 리더십)

원가 우위(Cost Leadership) 전략이란 '타사보다 1원이라도 싼 비용으로 제품을 만드는 전략'이다. 예를 들어, 제1장에서 간단히 설명했던 경험곡선이나 규모의 경제가 작용하면, 기업은 저원가로 제품을 만들어 낼 수 있다. 그런 일련의 활동을 통하여 어느 정도의 저원가을 실현시킬 것인가가 「원가 우위 전략」이다. 이 전략은 저원가 체제를 갖추지 않은 채로 단지 저가격 전략을 취하는 것이 아니라는 것을 결코 잊어서는 안 된다.

개인의 근검절약이 아주 힘든 것과 마찬가지로 기업의 원가 우위 전략도 매우 힘든 것이다. 기업은 원가나 간접경비를 엄격히 관리하고, 영세고객과의 거래를 피하며, 연구개발이나 서비스, 판매인력, 광고 등 여러 가지 측면에서 비용을 최소한으로 줄여야 한다. 그렇게 하지 않으면 '동업자보다 낮은 비용을 실현하자'는 목표를 수행할 수 없게 된다.

그렇다면 산업 내에서 최저원가를 실현했을 때의 장점은 무엇일까? 포터 교수는 '경영에 여유가 생긴다.'라는 것이 최대의 장점이라고 시사하고 있다. 즉

(1) 산업 내의 경쟁요인이 나타나도 평균 이상의 수익성을 유지할 수 있는 장점
(2) 구매자의 가격인하 요구에 대응할 수 있는 장점
(3) 원재료의 가격이 상승해도 임기응변으로 대응할 수 있는 장점

(4) 대체품에 대해서 동업자보다 유리하게 될 수 있는 장점

(5) 진입장벽을 더욱 높일 수 있는 장점

다섯 가지 경쟁요인 모든 면에서 이 '여유'는 효과가 있다. 왜냐하면 이러한 강력한 공세가 있는 경우에는 우선 나보다 효율이 나쁜 기업이 타격을 받을 것이기 때문이다.

원가 우위 전략을 추구할 경우에는 많은 비용지출이 필요하다는 것에 주의해야 한다. 가능한 한 저원가 실현이 주는 장점은 큰 편이 좋고, 그러기 위해서는 거액의 설비투자가 필요하게 된다. 게다가 한번 얻게 된 원가 우위를 계속 유지하기 위해서는 새로운 설비투자를 위한 재투자가 필요하게 된다.

차별화 전략

자사의 제품이나 서비스를 차별화하여 타사에는 없는 제품이나 서비스를 실현시키는 것이 두 번째 기본 전략인 「차별화 전략」이다. 차별화는 기술이나 제품 자체에 대해서만 논하는 것이 아니다. 포터 교수가 지적하는 차별화에는 다음과 같은 6가지가 있다.

(1) 제품 설계의 차별화
(2) 브랜드 이미지의 차별화
(3) 테크놀로지의 차별화
(4) 제품 특징의 차별화
(5) 고객 서비스의 차별화
(6) 네트워크(유통)의 차별화

차별화를 생각할 때, 가장 중요한 것은 비용과의 균형이다. 차별화를 실천하는 것은 그만큼 비용이 더 든다는 것이다. 예를 들면 브랜드 이미지를 차별화하기 위해서는 광고를 자주 하고, 고객의 로열티를 높여주는 마케팅을 할 필요가 있다. 비용이라는 것은 금전적인 것만이 아니라 시간이나 정신적 요소도 관련이 있다. 따라서 차별화는 실현되었더라도 거기에 드는 비용이 예상되는 이익보다 큰 경우에는 차별화 전략을 추진해서는 안 된다.

차별화 전략과 원가 우위 전략은 다르다. 원가 우위 전략을 행함으로써 가격적인 면에서 경쟁사보다 확실한 우위에 서겠지만, 차별화는 가격적인 면에서는 꼭 그렇다고 할 수는 없다. 물론 비용관리는 중요하다. 하지만 차별화 전략에서는 원가가 제1의 전략 목표가 아니라는 점이 중요하다. 그러나 차별화 전략도 원가 우위 전략과 마찬가지로 다섯 가지 요인에 혜택을 가져다 준다.

차별화 전략을 행한다는 것은 타사에는 없는 특이성을 만들어 내는 것이다. 따라서 차별화가 성공한다는 것은 그 특이성을 인정받을 수 있다는 것이다. 차별화 전략이 인정받게 되면 고객의 마음을 사로잡을 수 있다. 그리고 고객의 마음을 잡을 수 있게 되면, 자사가 공급자로서의 교섭력을 가질 수 있다. 게다가 고객의 마음을 잡는 요인에 특이성이 있으므로 그 부분이 다른 기업에게는 강력한 진입장벽이 된다.

집중 전략

마지막 전략은 특정한 세분시장에 집중해서 기업의 자원을 투입하는 「집중 전략」이다. 집중 전략의 예로는 특정 구매자 그룹이나 제품의 특정 종류, 특정 지역 등에 집중해서 투자를 실행하는 것을 들 수 있다. 집중 전략의 결과, 특정 타깃에 대해 차별화가 되거나 저원가을 실현할 수 있다. 때로는 차별화와 저원가가 둘 다 실현되는 경우도 있다.

예를 들어 당신이 인천지역의 시장에만 중점을 두고, 지역 특성을 살린 집중 전략을 실행했다고 하자. 집중 전략이 당신에게 가져다 주

는 결과는 '인천지역의 공장과 제휴를 통한 저원가 및 인천지역의 특수한 지역적 요구에 부합' 등과 같은, 다른 회사가 흉내낼 수 없는 차별화이다.

그러면 집중 전략과 차별화 전략, 저원가 전략의 차이는 무엇일까? 그것은 '특정 세분시장에 집중했는가.' 또는 '산업 전체를 대상으로 하고 있는가.'의 차이이다. 원가 우위 전략이나 차별화 전략은 산업 전체에 걸쳐서 그 효과를 기대하는 것이다. 반면에 집중 전략은 특정한 시장이나 제품에 특화하는 것이다.

성공적인 집중 전략의 혜택은 목표로 한 특정 세분시장을 송두리째 손에 넣을 수 있다는 것이다. 즉, 산업 전체를 목표로 하는 앞의 두 가지 전략과 비교하면 성공했을 때의 효과는 작지만, 특정 세분시장에서의 이익만은 확실하게 거둘 수 있다. 집중 전략은 특정 세분시장을 목표로 하는 것이므로 원가 우위 전략이나 차별화 전략에 비해서 비용지출은 크지 않지만, 목표로 하는 특정 세분시장의 효과와 균형을 이루어야 한다는 점에서 리스크를 안고 있다고 할 수 있다.

예를 들어 당첨이 5개, 탈락이 5개 들어 있는 주머니 A와 탈락만 10개 들어 있는 주머니 B를 우선 골라서 제비뽑기를 하는 경우를 생각해 보자. 주머니 B를 고른다면 나올 수 있는 결과는 반드시 '탈락'이다. 이처럼 자신이 선택한 세분시장이 사실은 아주 수익성이 낮은 곳이었다는 리스크는 항상 따라 다닌다. 따라서 세분시장의 선택은 아주 신중하게 이루어져야 한다.

2 전략 실행에 필요한 요소

기업이 경쟁 우위에 서기 위해서는 원가 우위 전략, 차별화 전략, 집중 전략이라는 세 가지 기본 전략 중 어느 한 가지를 선택해야 한다는 것은 이미 설명하였다. 그러나 힘들여 기본 전략을 수립하여도 그것이 실행되지 못하면 아무런 의미가 없다. 포터 교수는 각각의 전략이 실행되기 위해서는 다음과 같은 숙련된 기술, 자원, 조직이 필요하게 된다고 지적한다.

1. 원가 우위 전략

(1) 필요한 숙련기술과 자원

- 숙련된 공정기술
- 저원가의 유통시스템
- 자금력과 자금 조달력
- 제조를 쉽게 할 수 있는 제품 설계 등

(2) 필요한 조직

- 원가 관리, 통제
- 책임과 권한의 명확화
- 성과를 반영하는 보상제도 등

2. 차별화 전략

(1) 필요한 숙련기술과 자원

- 치밀한 마케팅 능력
- 연구개발 능력
- 풍부한 경험에 근거한 독자적인 숙련기술 등

(2) 필요한 조직

- 연구개발, 제품개발, 마케팅 등의 조정
- 유능한 기술자나 과학자 등 상상력이 풍부한 사람의 마음을 끄는 조직 시스템 등

3. 집중 전략

(1) 필요한 숙련기술과 자원

- 원가 우위 전략과 차별화 전략에서 열거한 숙련기술과 자원을 특정 타깃에 적합하도록 조합한다.

(2) 필요한 조직

- 원가 우위 전략과 차별화 전략에서 열거한 필요한 조직을 특정 타깃에 적합하도록 조합한다.

3 전략의 집중

반복되는 말이지만 포터 교수는 세 가지 기본 전략 중 한 가지에 전력투구 하라고 한다. 전항에는 그 이유를 기업 상황의 차이라는 점에서 설명했지만, 포터 교수는 시장 점유율과 투자 수익률의 관점에서 설명하고 있다.

투자 수익률이란 예를 들어 실행단계에서 10억 원을 투자해서 시작하는 제품이나 서비스가 최종적으로 얻을 수 있는 수익이 얼마인가 하는 것이다. 가령, 이 사업으로 100억 원의 수익을 올릴 수 있었다면, 투자 수익률은 10배가 된다.

물론 예외는 있지만 일반적인 산업에서는 투자 수익률이 높은 기업이란 시장점유율이 극단적으로 높은 기업이거나 극단적으로 낮은 기업 중 하나이다. 알기 쉽게 말하자면 투자 수익률이 높은 기업은 대기업이거나 소기업 중 하나로, 규모가 어중간한 중기업은 높은 수익률을 올리기가 어렵다는 것이다.

그렇다면 왜 이러한 일이 일어날 수 있을까? 포터 교수는 기본 전략의 차이에 그 원인이 있다고 한다. 일반적으로 규모가 작은 기업이 취하는 전략은 틈새시장을 노리는 '집중 전략' 밖에 없다. 산업 전체에 영향을 미치기 위해서 대량의 투자가 요구되는 원가 우위 전략이나 차별화 전략을 취할 수 있는 여력이 없기 때문이다. 이와는 반대로 시장점유율이 높은 대기업에게는 세 가지 기본 전략 중에서 원가 우위 전략이 가장 취하기 쉬운 전략이 된다. 왜냐하면 애써서 높은 시장점유율을 확보했으므로 구태여 차별화를 한다든지, 어느 특정 세분시장만을 목표시장으로 할 필요가 없기 때문이다.

이런 경우에는 자신의 기업이 취해야 할 전략이 확실하다. 하지만 규모가 어중간한 중기업은 그럭저럭 여력도 있기 때문에 어떤 전략이라도 목표로 할 수 있다. 그 결과 세 가지 기본 전략을 이것저것 손에 대서 어중간한 전략이 되고, 최종적으로는 투자 수익률이 떨어지게 된다. 역설적이기는 하지만 포터 교수는 이렇게 전략 집중의 필요성을 설명하고 있다.

기본 전략이 가진 리스크

경쟁의 기본 전략을 생각할 때는 각각의 기본 전략을 선택한 경우의 리스크를 생각해 보아야 한다. 포터 교수는 그 리스크를 다음의 두 가지로 분류하였다.

(1)전략을 실행해서 실패할 리스크
(2)전략에 의해 얻게 된 우위성이 산업의 변화로 무너질 리스크

물론 이런 리스크는 선택하는 전략에 따라 다르다. 포터 교수는 세 가지 전략 각각을 선택하는 경우의 리스크로 다음과 같은 것을 들고 있다.

1. 원가 우위 전략

- 기술의 발달로 과거의 투자나 숙련기술이 필요 없게 된다.
- 신규 진입이나 업계 경쟁 등으로 경쟁사가 모방에 성공하거나, 뛰어난 생산설비를 도입하는 등, 저원가를 실현시킨다.
- 저원가를 너무 추구한 나머지 제품이나 마케팅의 개선은 도외시하게 된다.
- 인플레이션으로 비용이 상승하여 저원가의 실현이 곤란해진다.

2. 차별화 전략

- 저원가를 실현한 업체와 차별화를 실현한 업체 사이에 원가 차이가 너무 커서 차별화에 의한 브랜딩이 어렵고 구매자가 브랜드를 지명해서 사지 않는다.
- 구매자의 요구가 변화해서 차별화의 요인이 구매자에게 어필하지 못한다.
- 업체간에 모방이 난발하여 구매자가 차별화를 인정하지 않게 된다.

3. 집중 전략

- 다양한 고객을 상대로 하는 업체와 집중 전략을 선택하여 특정 고객을 상대로 하는 업체 사이에 비용차이가 벌어져서, 집중 전략에 의한 원가 우위가 없어지거나 차별화가 약해진다.
- 집중하고 있는 특정 세분시장과 시장 전체의 니즈(Needs)의 차이가 없어진다. 즉 특정 세분시장의 특이한 요구가 약해진다.
- 경쟁업체가 내가 선택한 특정 세분시장을 더욱 세분화해서 타깃을 집중하여, 그 타깃에 집중 전략을 실행하여 구매자를 빼앗아 버린다.

이상과 같은 위험요소를 고려하고, 전략을 실행하기 위해 필요한 숙련기술, 자원 및 조직을 감안하여 자신이 취해야 할 기본 전략을 선택해야 한다.

제2장 정리

제2장에서는 경쟁의 전략에는 어떤 것들이 있는지 살펴보았다. 기본 전략은 많은 것이 아니다. 원가 우위 전략, 차별화 전략, 집중 전략의 세 가지를 검토하면 된다. 거기에 각 전략을 취할 때 생기는 리스크를 고려해서 한 가지 전략에 집중해야 한다는 것을 설명하였다.

지금까지 배운 것은 『경쟁전략』의 이론부분이다. 머리로 '이런 것이구나' 하고 이해할 수 있으면 충분하다. 그러나 실제로 『경쟁전략』을 기업 활동으로 실천하기 위해서는 어떻게 하면 좋을까? 이런 물음에 대답해 주는 것이 앞으로 남은 내용이다. 즉, 지금까지는 'WHAT(경쟁전략이란 무엇인가?)'에 대해서 살펴보았다면, 지금부터는 'How(경쟁전략을 어떻게 사용하면 좋을까?)'에 대한 것이 된다.

제1장, 제2장까지의 이론부분에 대해서 충분히 이해가 가지 않는 분은 다시 한 번 처음으로 돌아가서 완전히 이해하고 제3장을 시작했으면 좋겠다. 『경쟁전략』의 위대함이 드러나는 것은 지금부터다.

제3장

산업과 경쟁자의 분석

1장 산업 구조 분석의 기초(다섯 가지 요인)

3장 산업과 경쟁자의 분석

전략의 수립

4장 산업 환경별 전략

5장 주요 전략의 결정

2장 세 가지 기본 경쟁전략

●●● 경쟁자 분석

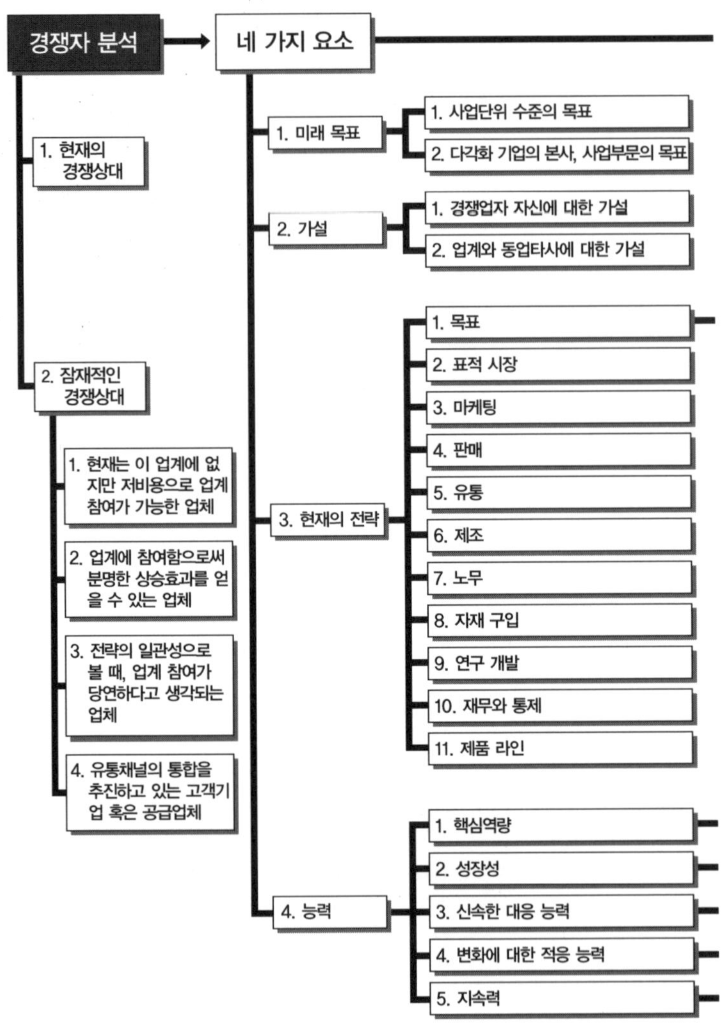

경쟁자 분석
네 가지 요소
1. 현재의 경쟁상대
2. 잠재적인 경쟁상대
1. 현재는 이 업계에 없지만 저비용으로 업계 참여가 가능한 업체
2. 업계에 참여함으로써 분명한 상승효과를 얻을 수 있는 업체
3. 전략의 일관성으로 볼 때, 업계 참여가 당연하다고 생각되는 업체
4. 유통채널의 통합을 추진하고 있는 고객기업 혹은 공급업체
1. 미래 목표
1. 사업단위 수준의 목표
2. 다각화 기업의 본사, 사업부문의 목표
2. 가설
1. 경쟁업자 자신에 대한 가설
2. 업계와 동업타사에 대한 가설
3. 현재의 전략
1. 목표
2. 표적 시장
3. 마케팅
4. 판매
5. 유통
6. 제조
7. 노무
8. 자재 구입
9. 연구 개발
10. 재무와 통제
11. 제품 라인
4. 능력
1. 핵심역량
2. 성장성
3. 신속한 대응 능력
4. 변화에 대한 적응 능력
5. 지속력

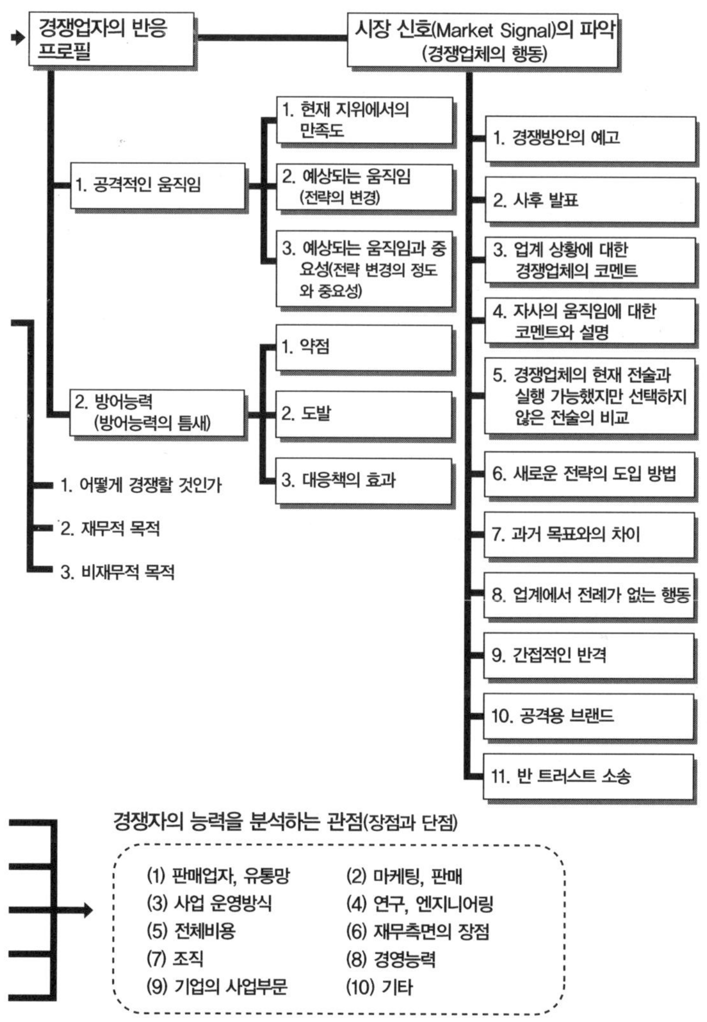
경쟁업자의 반응 프로필
시장 신호(Market Signal)의 파악 (경쟁업체의 행동)
1. 공격적인 움직임
1. 현재 지위에서의 만족도
2. 예상되는 움직임 (전략의 변경)
3. 예상되는 움직임과 중요성(전략 변경의 정도와 중요성)
2. 방어능력 (방어능력의 틈새)
1. 약점
2. 도발
3. 대응책의 효과
1. 어떻게 경쟁할 것인가
2. 재무적 목적
3. 비재무적 목적
1. 경쟁방안의 예고
2. 사후 발표
3. 업계 상황에 대한 경쟁업체의 코멘트
4. 자사의 움직임에 대한 코멘트와 설명
5. 경쟁업체의 현재 전술과 실행 가능했지만 선택하지 않은 전술의 비교
6. 새로운 전략의 도입 방법
7. 과거 목표와의 차이
8. 업계에서 전례가 없는 행동
9. 간접적인 반격
10. 공격용 브랜드
11. 반 트러스트 소송
경쟁자의 능력을 분석하는 관점(장점과 단점)
(1) 판매업자, 유통망
(2) 마케팅, 판매
(3) 사업 운영방식
(4) 연구, 엔지니어링
(5) 전체비용
(6) 재무측면의 장점
(7) 조직
(8) 경영능력
(9) 기업의 사업부문
(10) 기타

1 경쟁자 분석

경쟁자를 파악한다

경쟁업체를 분석하기 전에 우선 어떤 업체를 경쟁업체로 보고 분석할 것인가를 파악해야 한다. 어디가 경쟁업체가 되고 어디가 경쟁업체가 아닌지를 정해 놓아야 한다. 이때 중요한 관점은 현재와 미래이다. 현재의 주요 경쟁업체는 당연히 포함되지만 향후 시장에 참여할 것으로 예상되는 잠재적 경쟁업체도 분석대상이 되어야 한다.

포터 교수는 다음과 같은 그룹 중에서 잠재적 경쟁업체가 나타나는 일이 많다고 지적하고 있다.

(1) 현재는 이 산업에 없지만 저비용으로 산업 참여가 가능한 업체
(2) 산업에 참여함으로써 분명한 상승효과를 얻을 수 있는 업체
(3) 전략의 일관성으로 볼 때, 산업에 참여할 것이 당연하다고 생각되는 업체
(4) 유통채널의 통합을 추진하고 있는 고객기업 혹은 공급업체

또한 산업 내외의 합병을 예측하는 것도 잠재적 경쟁업체를 예측하는 효과적인 방법이라고 포터는 주장한다.

마지막으로 다음 질문의 답을 생각해보자.

Q1: 경쟁상대 중에서 상대기업의 경영 상태를 파악하고 있지 않은 기업이 있는가?

Q2: 경쟁상대 중에서 상대기업의 장래 목표를 파악하고 있지 않은 기업이 있는가?

Q3: 경쟁상대 중에서 상대기업의 현재 전략을 파악하고 있지 않은 기업이 있는가?

Q4: 경쟁상대 중에서 상대기업이 안고 있는 가설을 파악하고 있지 않은 기업이 있는가?

Q5: 경쟁상대 중에서 상대기업의 능력을 파악하고 있지 않은 기업이 있는가?

한 가지라도 위의 질문에 자신 있게 "없다."라고 대답할 수 없는 경우에는 경쟁상대 분석을 잘못했다고 할 수 있다. 다음 항부터는 계속해서 경쟁업체 분석의 관점을 숙독하여, 상대기업의 동향이나 의도, 가설까지도 실제로 파악할 수 있도록 하자.

경쟁자의 목표를 파악한다

그러면 경쟁자 분석의 관점을 배우도록 하자. 포터 교수는 경쟁업체 분석을 진단하는 요소로서 '장래의 목표', '가설', '현재의 전략', '능력' 등 네 가지를 열거하였다. 우선 '장래의 목표' 부터 살펴보자.

경쟁업체의 목표를 아는 것은 경쟁업체 분석의 첫걸음이라고 포터 교수는 말한다. 그러면 왜 경쟁업체의 목표를 아는 것이 그렇게 중요한 것일까? 포터는 그 의미가 다음의 다섯 가지 점에 있다고 말한다.

(1) 경쟁기업이 현재의 상태에 어느 정도 만족하고 있는지를 예측할 수 있다
(2) 현재의 전략을 변경할 가능성의 정도를 예측할 수 있다
(3) 기업 환경의 변화나 다른 업체의 움직임에 대한 반응의 정도를 예측할 수 있다
(4) 자사의 전략 변경에 대한 반응을 예측할 수 있다
(5) 경쟁기업이 새로운 움직임을 시작한 경우, 그것에 어느 정도 힘을 쏟을 의지가 있는지 예측할 수 있다

이상이 경쟁기업의 목표를 분석하는 이유다. 이런 내용을 아는 것은 상대기업에 대한 자사의 전략을 검토하는데 매우 유효한 정보가 될 수 있다.

그러면 포터 교수가 지적하는 포인트를 정리해서 구체적으로 경쟁기업의 장래 목표를 진단하는 체크리스크를 열거해 보자. 체크리스트는 크게 두 부분으로 나누어져 있다.

(1) 「사업단위 수준의 목표」에 관한 질문
(2) 「다각화 기업의 본사 부문과 개별 사업부문의 목표」에 관한 질문

반드시 이전 장에서 파악한 경쟁기업 하나하나에 대해서 같은 질문을 던져보기를 바란다. 이 책은 기업의 의사결정에 직접 관여하는 사람부터 실제로 현장에서 활약하는 영업 인력까지 폭 넓은 독자를 대상으로 하고 있다. 따라서 질문에 답을 하기 위해서는 현재 당신의 지위나 직종에서는 얻을 수 없는 정보가 필요하게 되는 경우도 많이 있다. 만일 그런 경우에는 한정된 정보 속에서 당신 나름대로 가설을 세워 보도록 하자. 그래도 잘 알지 못하는 것은 그냥 통과해도 상관없다. 보다 자세하고 보다 많은 정보가 있으면 목표분석이 좀더 치밀하게 될 수 있는 것이다.

[체크리스트 1 : 사업단위 수준의 목표]

(1) 그 경쟁업체의 업적측면에서 공표된 목표, 공표되지 않은 목표는 무엇인가

- □ 공표된 목표는?
- □ 공표되지 않은 목표는?

(2) 그 경쟁업체의 리스크에 대한 태도는 어떤가

- □ 리스크에 대한 생각은 어떤가?
  - 큰 리스크도 받아들인다.
  - 큰 리스크는 지지 못하지만 작은 리스크는 질 수 있다.
  - 작은 리스크조차도 지지 못한다.
- □ 리스크의 크기와 다른 요인과의 균형은 어떻게 하고 있는가?
  (예: 리스크와 예상수익)

(3) 그 업체는 기업으로서의 가치관이나 신조를 가지고 있는가

□ 기업으로서의 가치관이나 신조를 가지고 있는가?
□ 그것은 어떤 것인가?
□ 그것은 기업 전체에 넓게 퍼져 있는가?

(4) 그 업체는 어떤 조직 구조로 되어 있는가
□ 기능별 조직인가, 제품 매니저 제도를 도입하고 있는가, 독립 연구소가 있는가 등
□ 조직 내에서 책임과 권한이 어떻게 배분되어 있는가?
□ 중요한 사항의 결정권은 누가 가지고 있는가?

(5) 관리시스템과 보상시스템은 어떻게 되어 있는가
□ 경영자의 보수시스템은 어떻게 되어 있는가?
□ 영업 인력의 급여 체계는 어떻게 되어 있는가?
□ 업적 평가는 어떤 식으로 행해지고 있는가?

(6) 어떤 경리시스템이나 회계방식을 채택하고 있는가
□ 재고평가는 어떤 식으로 하고 있는가?
□ 원가의 배분방법은 어떤가?
□ 인플레이션을 계산하고 있는가?
□ 가격설정에 반영된 정보는 무엇인가?

(7) 경쟁상대의 경영자는 어떤 사람들로 구성되어 있는가
□ 최고경영자(CEO)는 어떤 인물인가?
□ 경영자는 어떤 경력으로 지금까지 어떤 일을 해 왔는가?
□ 인적 평가시 중요 고려요소는 무엇인가?
□ 사외의 어떤 기업에서 사람을 채용하고 있는가, 또 그 고용패턴은 어떤 특징이 있는가?

(8) 장래의 방향에 대해서 임원 간에 의견의 일치는 어느 정도인가

□ 임원들이 몇 개의 그룹으로 나누어져서 그들이 서로 다른 목표를 가지고 있지 않은가?

(9) 이사회는 어떤 사람들로 구성되어 있는가

□ 넓은 안목을 가지고 경영을 할 수 있도록 충분한 수의 사외이사가 있는가?

□ 그들은 어떤 경력을 가지고 있으며, 어떤 조직의 이익을 대변하고 있는가?

(10) 업무상의 계약에 의해서 경영활동이 제약되고 있는가

□ 차입 계약에 따른 제약이 있는가?

□ 라이센스 계약에 따른 제약이 있는가?

□ 조인트 벤처 계약에 따른 제약이 있는가?

(11) 법 규제, 트러스트 규제 등 정부의 규제 또는 사회적인 제약조건에 묶여 있지 않은가

□ 지금까지 트러스트 규제를 위반한 적이 없는가?

□ 이러한 제약이 전략의 제약조건에 직결되고 있지 않은가?

이상과 같은 질문으로 경쟁업체의 사업단위에서의 현재 상황과 장래 목표를 알 수 있다. 그리고 기업에 대해 이러한 정보를 아는 것은 사람의 성격을 아는 것과 마찬가지라고 할 수 있다. 자사가 움직일 때의 상대 반응을 예상해서, 전략을 검토할 때 잘 반영할 수 있다면 선택된 전략의 실패 가능성도 작아지게 된다.

[체크리스트 2 : 다각화 기업의 본사부문과 개별 사업부문의 목표]

경쟁상대가 대기업의 사업부인 경우는 흔히 있는 일이다. 이런 경우에는 본사가 별도로 있으므로 본사의 방침에 의해 경쟁상대가 제약을 받는다. 개별 사업부문이 본사의 행동에 크게 영향을 받는 것이 예상되는 경우에는 본사 그 자체의 움직임도 고려할 필요가 있다. 이 때에는 앞서 서술한 질문 항목에 추가해서 포터 교수가 제시하는 다음의 질문항목에 대해서도 생각할 필요가 있다.

(1) 기업의 전체 전략 중에서 그 사업부문의 전략적 중요도는 어떠한가

□ 그 사업부는 '본업' 으로 간주되고 있는가?

□ 기업 전체의 포트폴리오에서는 어떤 위치에 있는가?

□ 사업부문의 전략상의 중요도는 큰가?

- 그 사업부문이 왜 설립되었는가?
- 그 사업부문과 기업 내 다른 부문과 사업적인 관계는 어떤가?
- 기업의 최고경영층이 갖는 가치관과 신념은 어떤 것인가?
- 자사 내의 많은 사업에 적용해 온 기본 전략을 그 기업은 가지고 있는가?
- 기업 내의 다른 부문의 업적과 필요 등으로 볼 때, 그 기업은 어느 정도 업적을 그 사업부문에 요구하고 있는가?(매출 목표, 투자 수익률 등)
- 그 기업은 현재보다 더 다각화 계획을 가지고 있는가? 있다면 어떤 것인가?
- 기업 전체의 조직 구조로부터 판단되는 그 사업부문의 기업 내 지위와 목표는 어떤 것인가?
- 기업 전체의 관리 및 보상제도에서 볼 때, 그 사업부문의 책임자에 대한 대우는 어떤가?
- 어떤 업적을 올린 경영자가 승진이 빠른가?
- 그 사업부문의 책임자는 타 부서에서 온 사람인가, 내부에서 승

진한 사람인가, 아니면 타사에서 온 사람인가?

- 기업 전체로서 법 규제의 대상이 되거나 사회로부터 공격을 받을 요소를 가지고 있지 않은가? 그것이 그 사업부문에 영향을 주지 않는가?
- 기업의 최고경영층의 특정 인사가 그 사업부문에 특별한 애착을 가지고 있지 않은가?

(2) 그 기업 전체의 현재 업적은 어떤가

□ 기업의 매출 성장률은 어떤가?

□ 기업의 투자 수익률은 어떤가?

□ 그 사업부문의 업적은 전체와 비교할 때 어떤가?

□ 경쟁 사업부문의 시장 점유율 목표, 가격결정 방침, 신제품 발매 의욕

(3) 기업 전체로서의 목표는 무엇인가

□ 기업 전체에서 지향하는 목표는 무엇인가?

□ 목표 달성 프로세스 중에서 그 사업부문에 거는 기대의 내용은 무엇인가?

예를 들어 기업 전체에 안정된 수입을 계속 제공하고 있는 사업부에는 너무 과감한 것을 시킬 수 없다. 그 사업부문이 실패하면 기업 전체에 커다란 영향을 미치기 때문이다. 이처럼 본사와 개별 사업부가 나누어져 있는 경우에는 그 사업부가 본사에게 어떤 존재인지를 살펴봄으로써 그 사업부의 행동패턴을 예측할 수 있다.

기업 전체의 현재 업적

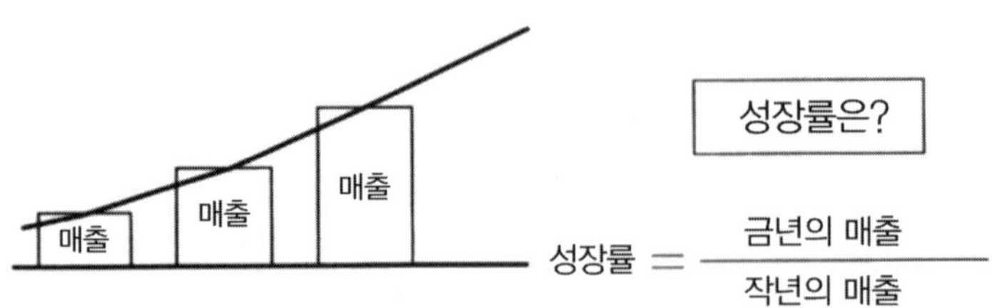
성장률은?
매출
매출
매출
성장률 = 금년의 매출 / 작년의 매출

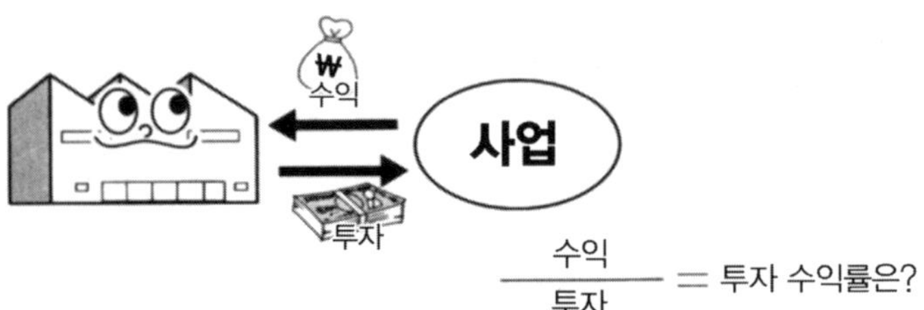
₩
수익
사업
투자
수익 / 투자 = 투자 수익률은?

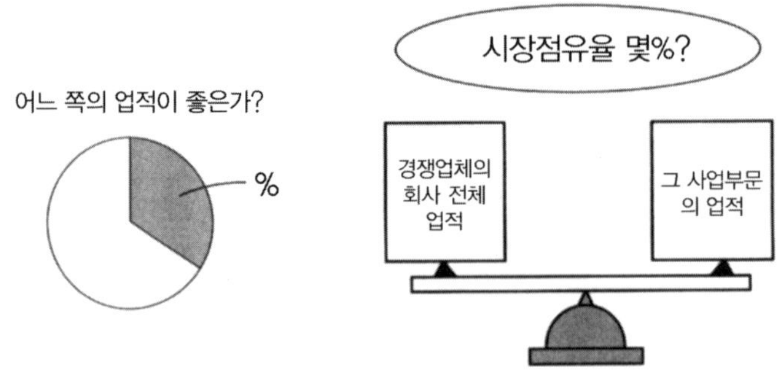
시장점유율 몇%?
어느 쪽의 업적이 좋은가?
%
경쟁업체의 회사 전체 업적
그 사업부문의 업적

경쟁자가 품고 있는 가설을 파악한다

다음은 경쟁자 분석의 두 번째 관점인 '가설'을 살펴보기로 하자. 포터 교수는 기업은 반드시 어떤 가설을 가지고 있다고 주장한다. 그리고 그 가설을 다음의 두 가지로 분류한다.

(1) 경쟁자 자신에 대한 가설
(2) 업계와 동업타사에 대한 가설

예를 들어 "우리 회사는 화장품업계에서는 원가 우위를 달성하여 타사보다 낮은 비용으로 생산이 가능하다."라는 경우이다. 이것은 자사에 대한 가설이지만, 기업은 타사에 대한 가설도 가지고 있다. 예를 들면 어떤 경쟁업체의 경영자원이나 기술력의 평가 등을 말한다.

경쟁업체가 가지고 있는 가설은 정확한 경우도 있지만 부정확한 경우도 있다. 그 부정확한 부분이 자사에서 본다면 전략상 이용할 수 있는 유리한 포인트이다. 상대가 과거의 경험이나 감 등으로 "이 기술을 이 정도 가격으로 판매하는 것은 우리만이 가능한 일이야."라고 나름대로 생각하고 있을 때, 그것을 실현시킨 기업이 있다고 하자. 이런 경우 기업은 우위에 있다고 만족해버렸기 때문에 긴급대책을 세울 준비가 안 되어 있다. 또한 현재 기업이 빠지기 쉬운 실패의 대부분이 이 가설을 믿어 버리는 것에 기인한다. 따라서 반드시 '가설의 맹점'이 되는 부분을 간파하여 전략구축의 발판으로 삼아야 한다.

포터 교수가 제시하는 다음의 질문은 경쟁상대의 전략의 가설을 탐색하는 것과 동시에 냉정하고 현실적인 판단이 가능할 것 같지 않은 분야를 찾아내기 위한 것이다.

[가설에 관한 체크리스트]

(1) 다음의 두 가지 측면에서 회사 구성원의 견해와 주위의 객관적인 견해 사이에 차이가 있는가

- □ 그 경쟁기업은 비용, 품질, 기술수준 등의 측면에서 그 지위가 어느 정도에 있다고 믿고 있는가?
- □ 그 경쟁기업은 자사의 장점과 단점은 어디에 있다고 생각하는가?

(2) 그 경쟁기업은 특정 제품 혹은 특정 경영정책(제품의 설계방식, 고품질주의, 공장입지 방침, 판매 방침, 유통 방식 등)에 대해 역사적으로나 감정적으로 강한 일체감을 가지고 있는가. 이것들 중 어느 것과 관계가 강한가

(3) 문화, 지역 혹은 나라의 차이에 따라 현상을 인식하는 방식과 그것의 중요도를 결정하는 방법에 차이가 있는가

(4) 그 경쟁기업은 오랜 시간에 걸쳐 스며든 조직상의 가치관 또는 규범이 있어, 그것들이 현상을 보는 방식에 영향을 미치고 있는가

- □ 그 기업의 창업자가 신봉하고 있던 정책이 지금까지도 남아 있는가?

(5) 그 제품의 장래 수요에 관해서 어떤 생각을 가지고 있는가

- □ 업계의 동향이 의미하는 점을 어떻게 인식하고 있는가?
- □ 어떤 특정업계 동향의 중요성을 잘못 평가하는 경향은 없는가?
- □ 실제로는 발생하지 않을 것 같은 산업 내의 기업통합 등을 믿고 있지 않는가?

(6) 그 경쟁업체는 동업타사의 목표와 능력을 어떻게 생각하고 있는가

□ 동종업계 타사를 과대평가하고 있는가, 과소평가하고 있는가?

(7) 그 경쟁업체는 새로운 시장 조건과 맞지 않는 경험이나 지혜를 신뢰하고 있는가

□ 산업에 정착된 지혜를 믿고 있지는 않은가?

□ 관습적인 오랜 법칙, 산업 고유의 방식을 믿고 있지는 않은가?

□ 현재의 전략에 따라 가설이 맞는다고 생각해 버리고 있지는 않은가?

이와 같이 경쟁기업이 객관적으로 보고 있지 않은 것을 역으로 이용해서, 자사의 전략을 구상하는 것이 가능하다. 또한 포터 교수는 경쟁업체의 장래 목표와 가설을 파악하기 위해서는 경쟁업체의 과거 경력을 조사하는 것이 효과적이라고 지적하고 다음과 같은 질문항목을 제시하고 있다.

(1) 최근 수년간의 실적과 비교할 때 현재의 업적, 시장 점유율은 높은가 낮은가?

(2) 해당 시장에서 경쟁업체의 경력은 어떤가?

(3) 그 경쟁업체는 어떤 분야에서 스타였는가, 어떤 분야에서 성공했었는가?

(4) 그 경쟁업체는 타사의 특정 전략이나 업계 내의 현실에 대해서 어떻게 대응해 왔는가?

덧붙여 포터 교수는 경쟁업체의 경영자의 전문 분야, 사업경험 분야, 성공 및 실패의 기록 등과 같은 경영자의 경력이나 경쟁업체가

도움을 받고 있는 자문업체를 찾아내는 일도 경쟁업체의 장래 목표나 가설을 파악하는 중요한 실마리가 된다고 지적하고 있다.

❙ 기업의 현재 전략을 파악한다

다음은 경쟁업체 분석의 세 번째 관점인 '현재의 전략'을 살펴보기로 하자. 상대기업의 현재 전략은 다음과 같은 체크항목으로 판단하면 좋을 것이다. 또한 이 체크리스트는 자사에 대해서도 사용할 수 있다. 그렇다면 당신이 경쟁상대로 파악한 기업 모두에 대해서 다음을 체크해 보기 바란다.

[기업의 현재 전략의 체크리스트]

(1) 목표

- □ 어떻게 경쟁하는가에 대한 정의
- □ 경제적 목적 : 목표 투자 수익률, 수익 향상, 시장 점유율
- □ 비경제적 목적 : 사회적 책임

(2) 기능 분야의 정책

- □ 표적 시장
- □ 제품 라인
- □ 재무와 통제
- □ 연구 개발
- □ 자재 구입
- □ 노무
- □ 제조
- □ 유통
- □ 판매
- □ 마케팅

경쟁기업의 역량을 파악한다

지금까지 검토해 온 목표, 가설, 현재의 전략 등은 상대 기업의 가능성과 현재, 미래의 상태 등과 관련이 있는 것이었다. 이에 대하여 네 번째 '역량(Capabilities)'이라는 지표는 이들 모두를 결정하는 근간이 되는 것이다. 간단히 말하면 기업의 장점과 단점에 대한 분석이다. 구체적으로는 기업의 재무력, 기술력, 생산능력, 인재와 조직력, 자금력, 구매력, 판매력 등에서의 장점과 단점을 파악한다.

포터 교수도 경쟁업체의 장점과 약점을 파악하는 구체적 항목을 제품, 판매업체와 유통망, 사업 활동, 연구와 엔지니어링, 전체 비용, 재무측면의 장점, 조직, 경영능력, 기업의 사업 부문, 기타 등으로 망라하여 분류하고, 상세한 체크항목을 제시하고 있다. 그리고 이 결과를 보다 유용한 정보로 만들기 위해서 다음과 같은 항목을 들고 있다.

[경쟁업체의 역량 체크리스트]

(1) 핵심역량(Core Capabilities)

- ㅁ 그 경쟁업체의 각 업무부문의 능력은 어떤가?
  - 어느 부문의 능력이 최고인가?
  - 가장 낮은 곳은 어느 부문인가?
- ㅁ 그 경쟁업체는 전략이 일관되게 실행되고 있는지를 어떤 방법으로 알아내는가?
- ㅁ 시간에 따라 그 업체의 역량은 변화하는가?
  - 역량은 향상되는가, 저하되는가?

(2) 성장성(Ability to Grow)

□ 만일 그 기업이 성장한다면 그 능력은 향상되는가, 아니면 저하되는가?

- 그것은 어느 부문에 영향을 주는가?

□ 종업원, 기술력, 생산능력의 측면에서 볼 때 성장력은 있는가?

□ 어느 정도 성장여력을 가지고 있는가?

- 산업의 성장과 보조를 맞추어 성장할 수 있는가?
- 시장 점유율을 늘릴 수 있는가?
- 그 성장은 외부로부터의 자금 조달력의 제약에 의해 어느 정도 영향을 받는가?
- 단기적으로 바람직한 업적을 올릴 수 있는가?

(3) 신속한 대응 능력(Quick Response)

□ 타사의 움직임에 대한 반응이나, 타사의 공세에 대한 방어를 신속히 수행하기 위해서, 그 기업은 어떤 능력을 갖추고 있는가?

- 자유롭게 사용할 수 있는 준비금은 있는가?
- 자금의 차입 능력은 있는가?
- 공장의 생산능력에 여유는 있는가?
- 발매하지 않은 신제품의 재고가 있는가?

(4) 변화에 대한 적응 능력(Ability to Adapt change)

□ 그 기업의 고정비와 변동비의 비율은 어느 정도인가?

- 유휴 생산능력에서 생기는 비용은 어느 정도인가?

□ 각 업무부문에서 생기는 조건변화에 적응하여 대응할 수 있는 능력을 구비하고 있는가(다음과 같은 경우에 대응할 수 있는가)?

- 원가 면에서의 경쟁
- 복잡한 제품 라인의 관리
- 신제품의 출시
- 서비스 면에서의 경쟁

- 마케팅 활동의 확대

□ 그 기업은 다음과 같은 외부요인의 변화에 적응할 수 있는가?
- 기존 공장을 진부화시키는 기술 혁신
- 불황의 도래
- 임금률의 상승
- 사업에 영향을 주고 실현 가능성이 높은 정부 규제

□ 그 기업에 사업의 축소나 양도를 불가능하게 하는 철수장벽이 있는가?
- 생산설비나 영업직원, 기타 설비나 인원을 사내의 타 부문과 공유하고 있는가?

(5) 지속력(Staying Power: Sustainability)

□ 이익이나 현금흐름을 압박하는 장기간의 싸움에 견딜 능력을 갖추고 있는가(다음과 같은 요인으로 정해진다)?
- 현금 유보액(cash reserve)
- 경영진의 일치단결
- 장기적인 전망에 근거한 이익 목표
- 주가 상승의 압력이 없음

이상과 같은 여러 관점에서 경쟁기업의 능력을 평가한다. 역량을 상세하게 평가한 기업에 대해서는, 그 기업이 어떤 반응을 보이는지, 어디까지 가능한지 등 많은 정보를 알 수 있다.

2 네 가지 구성요소의 통합 – 경쟁자의 반응 프로필을 작성한다

지금까지 경쟁기업 분석의 네 가지 중요 관점요소(장래의 목표, 가설, 현재의 전략, 능력)를 파악하였다. 이것으로 경쟁기업을 파악할 수 있다. 그러나 여기에 머물러서는 안 된다. 최종적인 목적은 이러한 네 가지 관점에서 조사한 결과로부터 그 경쟁기업에 대한 최적의 전략을 수립하는 데 있다. 여기에서 다음 단계로 경쟁기업의 반응 프로필을 작성해야 한다고 포터 교수는 주장한다. 반응 프로필이란 경쟁기업이 자사나 외부의 변화에 대해서 어떤 반응을 보이는가 하는 것이다. 이것을 통하여 당신은 경쟁자가 어떻게 반응할지를 전체적인 시각에서 극명하게 파악할 수 있을 것이다.

경쟁업자의 반응 프로필을 작성하는 과정은 주로 두 가지를 분석하는 것으로 집약된다고 포터 교수는 말한다. 하나는 경쟁업체가 지금부터 하려고 하는 전략 변경을 예측하는 것으로써 경쟁업체의 '공격적인 움직임(offensive moves)'을 파악하는 것이다. 다른 하나는 외부요인에 대한 반응 정도에 따른 '방어 능력(defensive capabilities)'을 측정하는 것이다. 실제로 체크항목을 보면 알 수 있겠지만 상대방의 입장에서는 부정적인 의미의 방어 능력이다. 따라서 방어 능력을 체크한다기 보다는 '방어 능력의 틈새'를 체크한다는 마음의 준비가 필요하다.

[경쟁기업의 반응 프로필 체크리스트]

(1) 「공격적인 움직임」을 예측한다

- □ 현재 지위에서의 만족도는 어느 정도인가?
  - 경쟁업자의 목표와 현재의 지위를 비교한다.
  - 향후 그 기업이 전략을 변경할 가능성은 있는가?
- □ 선택할 가능성이 가장 높은 전략상의 변경 사항은 무엇인가?
  - 경쟁업체가 생각하는 미래에 대한 예측
  - 경쟁업체가 생각하는 자사의 강점과 약점
  - 선호하는 경쟁방식
  - 최고 경영진의 사업에 대한 시각
  - 경쟁사의 목표, 가설, 능력 및 현 입지분석 결과에 따른 시사점
- □ 전략 변경의 강도 및 중요도
  - 전략의 변화로부터 경쟁 기업은 무엇을 얻는가?
  - 전략의 변화를 추진하기위해 어느 정도 힘을 쏟을것인가?

(2) 「방어능력(방어능력의 틈새)」을 파악한다

- □ 약점
  - 그 기업은 타사의 어떤 전략상의 움직임에 약한가?
  - 정부의 어떤 규제에 약한가?
  - 경제나 업계의 어떤 움직임에 약한가?
  - 동업자간에 불균형한 이익을 가져다주는 것은 어떤 현상인가?
  - 그 현상에 의해 이 기업은 어느 정도 손익이 있는가?
- □ 도발
  - 대항하려면 자금이 필요하고, 잘 되어도 큰 이익을 예상하지 못하지만, 경쟁기업이 도발하고 대응책을 결행하게 하는 움직임에는 어떤 것이 있는가?
  - 위협에 대해 과잉반응을 보이는 사업부문(Hot Bottom)은 어디인가?

□ 대응책의 효과

- 그 경쟁업체의 네 가지 관점(목표, 가설, 현재의 전략, 능력)에서 볼 때, 신속하고 효과적인 대응이 곤란한 것은 어떤 경우인가?
- 가령 그 기업이 경쟁할 의도로 행동해도, 결국 효과가 나타나지 않는 것은 어떤 대응책일까?

이상으로 경쟁업자의 분석을 끝내려고 한다. 이상의 네 가지 관점에서 분석을 하고, 그것을 통합해서 경쟁업체의 반응·프로필을 실제로 작성해 보기를 추천한다. 이제부터는 경쟁업체의 경쟁행동에 대해서 분석하고 전략을 생각해보는 과정으로 들어간다.

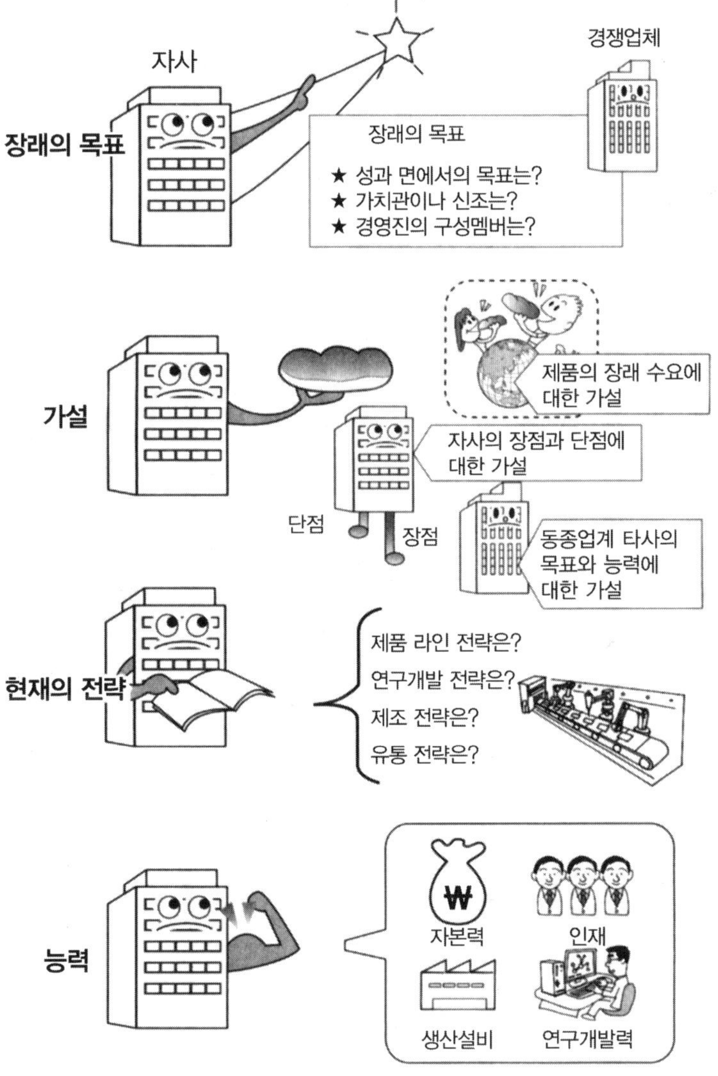
자사
경쟁업체
장래의 목표
장래의 목표
★ 성과 면에서의 목표는?
★ 가치관이나 신조는?
★ 경영진의 구성멤버는?
가설
제품의 장래 수요에 대한 가설
자사의 장점과 단점에 대한 가설
단점
장점
동종업계 타사의 목표와 능력에 대한 가설
현재의 전략
제품 라인 전략은?
연구개발 전략은?
제조 전략은?
유통 전략은?
능력
₩
자본력
인재
생산설비
연구개발력

경쟁기업의 행동 분석 – 시장 신호 Market Signal

이전 장에서는 경쟁업체가 어떤 행동을 할지 예측하기 위해서, 경쟁업체를 분석하는 중요한 관점에 대해서 알아보았다. 여기서는 그 경쟁업체가 시장에 내보내고 있는 여러 가지 신호를 포착함으로써 좀더 깊이 있는 경쟁업체 분석을 목적으로 하고 있다.

포터 교수는 경쟁자의 경쟁방안의 하나로 「시장 신호(Market Signal)」라는 용어를 사용하고 있다. 간단히 말하면 상대기업이 자신의 기업에 관한 정보를 발신하는 것이다. 예를 들면 '6월에 신상품을 출시할 것 같다.' 라든지, '당사와 A사가 합병한다.' 등의 정보를 말한다. 시장 신호에는 '진실의 신호'과 '거짓의 신호'의 두 종류가 있다. 즉, 시장 신호에는 그 기업의 진짜 움직임을 가리키는 것도 있지만 상대 기업을 교란시키기 위한 가짜 신호도 포함되어 있다.

예를 들어, A사가 '우리 회사는 C제품을 1만 원에 제조할 수 있는 기술을 개발했다.' 라고 하고, 그것을 들은 경쟁사 B가 '우리 회사는 9000원에 제조할 수 있는 기술을 개발 중이다.' 라는 신호를 보내면, A사는 그 기술의 실용화를 중지할지도 모른다. 설비투자에 막대한 돈을 썼더라도, 얼마 안 되는 기간에 B사가 더 낮은 가격으로 판매한다고 생각하기 때문이다.

만일 이 정보가 허세였다고 해도 A사가 알아채지 못하면 이 신호는 전략에 크게 영향을 주게 된다. 따라서 경쟁업체로부터 가능한 많은, 그리고 정확한 '시장 신호'를 읽어내 전략에 반영시키는 일은 기업이 관심을 기울여야 할 과제이다. 앞에서 설명한 경쟁자 분석과 「시장 신호」분석을 합침으로써 보다 정교하고 치밀한 경쟁자 분석을 할 수 있다.

그렇다면 시장 신호에는 어떤 것들이 있을까? 포터 교수는 다음의 「움직임의 예고」로부터 「반트러스트 소송」까지의 11개를 예로 들고 있다. 자사가 속한 산업에서는 이러한 신호의 사례가 없는지 확인해 보기 바란다.

(1) 경쟁방안의 예고(무엇인가를 하려고 한다는 예고)

포터 교수는 경쟁방안의 예고가 다음과 같은 역할을 하고 있다는 것을 지적한다.

- 동업자보다 앞서서 유리한 위치를 선점하는 역할(예: '이 기술 분야는 우리 회사가 전력을 다할 예정으로, 그 준비도 착착 진행되고 있다.' 등)
- 경쟁기업이 계획하고 있는 행동을 방해하는 위협적인 역할
- 경쟁기업의 의도를 예상하기 위한 테스트의 역할
- 경쟁기업의 방안에 대해서 환영 또는 불쾌감을 전달하는 역할 (예: '만일 귀사가 이 산업에 참여한다면 보복 행동을 하겠다.' 등)
- 경쟁기업에 대한 회유책으로 작용하는 역할(※회유책이란 경쟁업체에 대한 도발을 최소한으로 멈추고, 보복을 피하려고 하는 것)
- 비용이 많이 소요되는 방안을 동업자가 일제히 채택하는 것을 회피하는 역할(예:공장의 신설을 사전에 알림으로써 업계의 설비 과잉

움직임을 미리 방지)

- 기업의 평판을 높이는 역할(경제적으로도 전략적으로도 사용 가능) (예: '우리 회사는 매출의 일부를 난민을 위해 기부한다.' 등의 정보. 이런 정보는 기업의 이미지를 향상시킨다)
- 사내의 지지를 결집하는 역할(예: '우리 회사는 이런 불황 속에서도 사원을 해고하지 않는다.' 등)

(2) 사후의 발표(무엇인가 극비리에 행했던 결과 발표)

예를 들어, 판매실적이나 시장 점유율 등에서는 과장된 발표나 오해를 불러일으킬지도 모르는 사후발표도 있으므로 주의할 필요가 있다. 이 사후발표에서 경쟁업체의 목표와 경쟁력을 알 수 있다.

- 발표한 경쟁기업의 목표와 진짜 경쟁력을 아는 역할
- 발표한 경쟁기업의 일반적으로는 얻기 어려운 데이터를 입수하는 역할

(3) 산업 상황에 대한 경쟁기업의 코멘트

산업 상황에 대한 코멘트에서, 그 업체가 생각하는 가설이나 전략을 알 수 있는 실마리를 얻을 수 있다. 포터 교수는 산업 상황에 대해서 하는 코멘트가 다음과 같은 역할을 한다고 설명한다.

- 산업에 대해서 경쟁기업이 가지고 있는 가설을 확실하게 하는 역할
- 자사가 가지고 있는 가설을 산업 내의 경쟁기업과 공유하는 역할
- 기업의 유쾌, 불쾌한 감정을 솔직하게 나타내는 역할

(4) 자사의 경쟁방안에 대한 코멘트와 설명

포터 교수는 자사의 경쟁방안에 대한 코멘트, 설명이 다음과 같은 역할을 하고 있다고 지적한다.

- 그 방안의 필연성을 다른 회사에게 납득시켜서 그 방안을 추종하게 하던지, 혹은 그 방안에 반발하고 받아들이지 않게 하는 역할
- 선점의 의사표시 역할(예:새로운 시장에 진출한다는 의사 표시를 해서 타사의 진출의욕을 약화시킨다)
- 약속의 발표 역할(예:굳은 약속이라고 생각하게 함으로써 경쟁업체의 진출의욕을 막고 경쟁심을 없앨 수 있다)

(5) 경쟁업체의 현재 전술과 실행 가능했지만 선택하지 않았던 전술의 비교

실행 가능했을 텐데 실행하지 않았다는 것은 회유의 의도가 있었다고 해석할 수 있다. 즉, 무엇인가를 두려워해서 회유책을 택했으므로 그것이 내포하는 신호를 읽을 수가 있다.

(6) 새로운 전략의 도입 방법

전략의 도입 방법은 여러 가지가 있다. 예상하지 못한 시기에 가격을 변경한다든지, 기습 작전처럼 신제품을 도입하는 경우도 있다. 이러한 움직임은 경쟁기업과 싸울 기세로 행한 전략인지, 산업 전체의 이익을 생각해서 취한 전략인지를 보여주는 역할을 한다.

(7) 과거 목표와의 차이

이것은 그 기업이 가설을 대폭적으로 바꾸었다는 것을 보여준다.

(8) 업계에서 전례가 없었던 행동

이것은 경쟁기업이 공격의 의도를 표명하고 있다고 할 수 있다.

(9) 간접적인 반격

경쟁상대가 주요 시장에서 반격하는 것이 아니라, 경쟁상대에게 비교적 영향이 적은 시장에서 간접적으로 반격을 하는 경우, 불쾌한 감정을 보이거나 진출한 기업에게 뒤에서 반격하겠다는 의사표시를 하고 있다고 할 수 있다.

(10) 공격용 브랜드

경쟁상대를 격퇴할 수 있을 것 같은 브랜드를 투입하는 것을 말한다. 또한 이것에 대한 경고라고 해석할 수 있다.

(11) 반트러스트 소송

독점 금지법 위반으로 행정에 의한 배제 조치 명령이나 과징금 등이 부과되는 것 이외에 민사상의 조치로 피해자가 손해배상을 청구할 수 있다. 따라서 이러한 움직임은 불쾌감을 나타내고, 경쟁업체의 공격을 늦추고 싶거나 곤란하게 하고 싶다는 의사 표시, 본 궤도에 오르고 있는 기업에게 경고를 주는 역할을 한다.

이상 11가지 행동이 시장 신호의 예이다. 그런데 여기까지 읽고 이렇게 생각하는 분도 있을 것이다. 시장 신호에는 진실만 있는 것이 아니라 거짓도 있고, 해석에 따라서는 이렇게도 저렇게도 되니까, 이런 애매한 것에 많은 시간을 쓰는 것은 쓸데없는 짓이고 비생산적인 낭비라고 말이다.

그러나 그렇지 않다고 포터 교수는 명확하게 기술하고 있다. 앞서 말한 대로 경쟁전략의 구축을 위해서는 경쟁기업의 분석이 필요하다. 그 분석은 경쟁업체에 관한 한정된 정보 안에서 이루어지기 때문에, 추측에 많이 의존하고 있다. 시장 신호의 파악은 그 추측을 조금이라도 정확하게 하여, 고품질의 정보로 만들기 위해서 필요한 것이다. 고급 정보를 알기 위해 시장 신호를 어느 정도의 노력으로 파악해두고, 기업 전략 구축 시에 활용해야 진정으로 효과적인 경쟁전략을 구축할 수 있다.

●●● 경쟁 방안

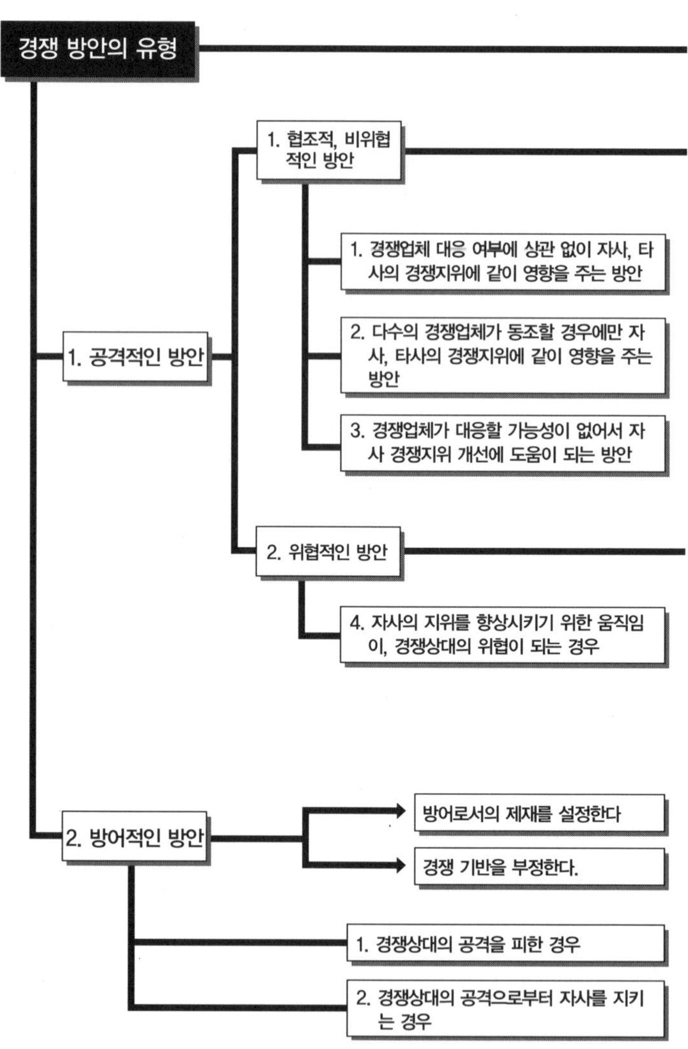

경쟁 방안의 유형
1. 공격적인 방안
1. 협조적, 비위협적인 방안
1. 경쟁업체 대응 여부에 상관 없이 자사, 타사의 경쟁지위에 같이 영향을 주는 방안
2. 다수의 경쟁업체가 동조할 경우에만 자사, 타사의 경쟁지위에 같이 영향을 주는 방안
3. 경쟁업체가 대응할 가능성이 없어서 자사 경쟁지위 개선에 도움이 되는 방안
2. 위협적인 방안
4. 자사의 지위를 향상시키기 위한 움직임이, 경쟁상대의 위협이 되는 경우
2. 방어적인 방안
방어로서의 제재를 설정한다
경쟁 기반을 부정한다.
1. 경쟁상대의 공격을 피한 경우
2. 경쟁상대의 공격으로부터 자사를 지키는 경우

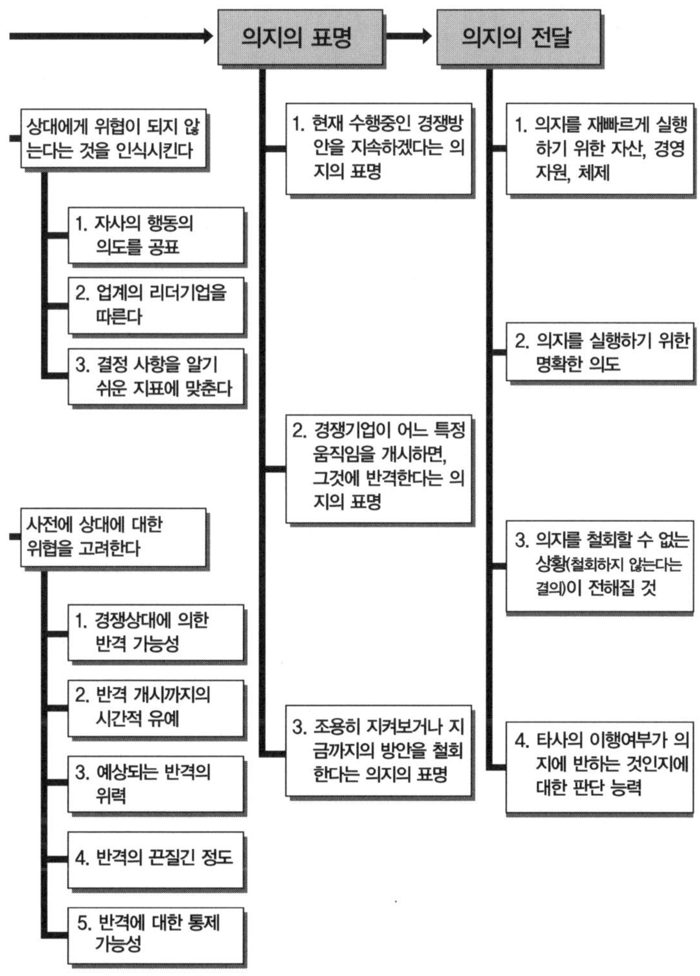

의지의 표명
의지의 전달
상대에게 위협이 되지 않는다는 것을 인식시킨다
1. 자사의 행동의 의도를 공표
2. 업계의 리더기업을 따른다
3. 결정 사항을 알기 쉬운 지표에 맞춘다
사전에 상대에 대한 위협을 고려한다
1. 경쟁상대에 의한 반격 가능성
2. 반격 개시까지의 시간적 유예
3. 예상되는 반격의 위력
4. 반격의 끈질긴 정도
5. 반격에 대한 통제 가능성
1. 현재 수행중인 경쟁방안을 지속하겠다는 의지의 표명
2. 경쟁기업이 어느 특정 움직임을 개시하면, 그것에 반격한다는 의지의 표명
3. 조용히 지켜보거나 지금까지의 방안을 철회한다는 의지의 표명
1. 의지를 재빠르게 실행하기 위한 자산, 경영자원, 체제
2. 의지를 실행하기 위한 명확한 의도
3. 의지를 철회할 수 없는 상황(철회하지 않는다는 결의)이 전해질 것
4. 타사의 이행여부가 의지에 반하는 것인지에 대한 판단 능력

4 경쟁 방안

지금까지 3장의 흐름은 다음과 같다. 우선, 경쟁업체를 분석하기 위해 경쟁업체를 파악하였다. 다음에는 경쟁업체를 이해하기 위하여 경쟁업체 분석을 위한 네 가지 관점을 서술했다. 그 위에 경쟁업체 분석을 더 정확하게 하기 위해서 시장 신호를 감지해야 한다고 하였다. 일단 경쟁업체를 분석하는 기본적인 체계는 여기에서 끝을 맺는다. 이제 여러분은 경쟁업체에 대한 전략을 생각해 낼 수 있을 것이다.

이제부터는 경쟁 방안에 대해 생각해 보기로 하자. 전술한 경쟁업체 분석에 근거하여, 경쟁 방안을 취하는 방식, 경쟁업체를 흔들거나 반격을 하거나 하는 등의 방안에 대해 생각해 보자. 포터 교수는 경쟁 방안을 공격적인 방안과 방어적인 방안의 두 종류로 분류하고, 더 나아가 공격적인 방안을 협조적·비위협적인 방안과 위협적인 방안으로 분류하고 있다.

다음 항부터는 각 방안에 대해서, 그 움직임을 실행하는 경우에 감안할 점이나, 알맞은 상황에 대해 살펴보기로 한다.

경쟁 방안

(1) 공격적인 방안

1) 협조적, 비위협적인 방안

2) 위협적인 방안

(2) 방어적인 방안

협조적, 비위협적인 방안

그러면 우선 공격적인 방안 중에서 협조적·비위협적인 방안에 대해서 살펴보자. 이것은 경쟁업체의 성과에 위협이 되지 않도록 행동하는 것이다. 앞에서 말한 경쟁업체 분석의 중요한 관점이었던 경쟁업체의 '미래의 목표'나 '가설'을 정확하게 인식할 수 있으면, 경쟁업체의 목표를 위협하거나 실적을 악화시키지 않고도 자사의 이익이나 시장 점유율을 높일 수 있다. 포터 교수는 협조적·비위협적인 행동을 다음과 같이 세 가지로 분류하고 있다.

(1) 경쟁업체 대응여부에 상관없이 자사, 타사의 경쟁지위에 같이 영향을 주는 방안

가장 리스크가 적은 경우라 할 수 있다. 단, 한가지 염두에 둘 것은 자사의 수익을 낮춰버림과 동시에 경쟁기업의 수익도 낮추는 경우도 발생 가능하다는 것이다. 그 예로는 부적절한 광고캠페인 혹은 산업에 반하는 가격구조를 들 수 있으며, 이는 과거의 취약한 전략의 산물이다.

(2) 다수의 경쟁업체가 동조할 경우에만 자사, 타사의 경쟁지위에 같이 영향을 주는 방안

예를 들면 맥주업계에서 주세의 인상에 따른 판매가격의 인상이 이에 해당한다. 한 회사가 취하는 행동을 다른 회사도 추종하는 경우에는 업계 전체의 성공이 될 수 있다. 그러나 모든 기업이 따라 한다고는 할 수 없다. 몇몇 업체는 그것을 따르지 않음으로써 자사의 지위를 더 개선시킬수도 있기 때문이다.

(3) 경쟁업체가 대응할 가능성이 없어서 자사 경쟁지위 개선에 도움이 되는 방안

경쟁업체의 이익이나 전략과 관계가 없다면 경쟁업체는 별다른 대응책을 취하지 않을 것이다. 이처럼 경쟁업체가 따라 할 마음이 들지 않는 움직임을 취하기 위해서는, 경쟁업체 분석을 통해서 경쟁업체의 목표와 가설을 파악해 두어야 한다.

이러한 협조적·비위협적인 행동은 한 발 잘못 디디면 공격적인 행동으로 받아들여질 위험이 크다는 것에 주의해야 한다. 이것이 실현된다면 적어도 산업 내의 기업은 서로에게 해를 끼치는 일 없이 서로의 지위를 개선시킬 수 있을 것이다. 하지만 협조적인 행동을 했는데도 아무도 추종하지 않고, 오히려 경쟁기업은 공격적인 행동으로 받아들인다면 경쟁기업이 틀림없이 반격을 해 올 것이다. 이런 일을 방지하기 위해서는 자사의 정책을 빈번하게 공표하는 것, 적극적으로 신호를 보내는 것 등을 생각할 수 있다. 따라서 경쟁업체와 자사 모두에 호혜적인 행동을 할 경우에는 그 행동이 공격적인 것으로 받아들여지지 않도록 충분히 배려해야 한다.

위협적인 방안

시장규모가 제한되어 있는 많은 산업에서는, 자사의 지위를 개선시키려는 행동이 경쟁업체에게 위협이 될 수 있다. 포터 교수는 경쟁업체에게 위협이 될 것 같은 행동을 계획하고 있는 경우에는, 경쟁업체의 반격과 관련하여 다음과 같은 점을 고려해야 한다고 지적하고 있다.

(1) 경쟁상대에 의한 반격의 가능성은 어느 정도인가?
(2) 반격이 개시될 때까지 어느 정도 여유가 있는가?
(3) 예상되는 반격은 어느 정도 힘을 가지고 있는가?
(4) 그 반격은 얼마나 끈질길 것인가?
(5) 그 반격은 자사에서 통제가 가능한 것인가?

결국 위협적인 행동을 하면 상대의 반격을 받을 것이라고 알고 있다면, 경쟁업체가 효과적인 반격을 개시하기 전에 그 위협적인 행동을 해야 한다. 즉, 경쟁업체의 반격을 늦추는 것이 중요하다. 포터 교수는 반격이 늦어지는 주요 원인으로 다음과 같은 것을 들고 있다.

1. 타사의 움직임을 알아차리는 것이 늦다

비밀리에 움직임을 준비할 수 있으면 반격을 늦출 수 있다. 또한 자사가 그렇게 되지 않기 위해서는 경쟁업체를 항상 감시하고 있어야 한다.

2. 반격 전략의 개시가 늦다

예를 들면 가격인하 전략에 대한 반격이라면 바로 할 수 있지만, 신제품 개발에 대한 반격인 경우에는 시간이 걸리는 것이다.

3. 어디를 향해서 반격을 해야 할 것인지를 모른다. 그래서 반격의 비용이 증가한다

예를 들면 고객이 고정되어 있는 경우, 공격을 받은 기업도 어디를 향하여 전략을 구축하면 좋을지 모르는 경우이다.

4. 모순된 목표나 여러 가지 동기가 있기 때문에 반격이 늦다

예를 들면 반격으로서 생각할 수 있는 행위가 자사의 이념에 반하거나 회사의 다른 사업부에 타격을 줄 수 있다고 생각되는 경우, 상황을 더 지켜볼 수도 있다.

이처럼 위협적인 행동을 준비하는 경우에는 반드시 경쟁업체의 반격을 충분히 고려해야 하다. 그리고 위의 반격을 늦추는 요인을 참고로, 경쟁업체의 반격을 지연시켜서 자사에게 유리한 방안을 찾는 것이 중요하다.

방어적인 방안

지금까지는 공격적인 방안으로 협조적·비위협적인 방안과 위협적인 방안, 두 가지를 살펴보았다. 다음은 공격으로부터 몸을 지키는 방어적인 방안을 살펴보자.

방어적인 방안으로서, 포터 교수는 경쟁업체가 실제로 움직이기 전에 봉쇄하는 방어와, 경쟁업체가 움직이기 시작한 후에 행하는 방어 등 두 종류가 있다고 말한다. 물론 싸움이 일어나지 않도록 사전에 방어할 수 있는 것이 최선의 방법이긴 하지만, 만일 움직이기 시작해 버린 경우에는 즉시 반격하고, 그 움직임을 시작한 경쟁업체에게만 창끝을 향하고 있다는 의사표시를 경쟁업체가 강하게 느낄 수 있도록 하면, 그 제재가 큰 효과를 얻을 수 있다고 포터는 지적하고 있다.

또한 경쟁업체가 행동을 개시한 경우, 목표로 하고 있는 기반을 무력화시킴으로써 움직임을 멈추게 할 수 있다고 한다. 예를 들면 신규 진입업체가 자본 이익률 5%를 목표로 진입했다고 하면, 그것을 실현하기 위해서는 큰 투자가 필요하다고 생각하게 함으로써 진입을 막을 수 있다.

의지의 표명

앞에서 설명한 세 가지 방안을 계획하거나 실행하는데 있어, 가장 중요한 개념이 있다면 그것은 '의지의 표명'이다. 당신은 산업 내의 모든 기업이나 일부 기업에게 분명한 의지를 표명함으로써 불확실성을 줄일 수 있다. 의지표명의 예로는 "우리 회사는 큰 일이 없는 한, 지금의 전략을 유지한다.", "우리 회사는 특정 행동에 대해서는 확실하게 반격한다." 등을 들 수 있다.

이러한 공약은 상대기업의 움직임을 조절할 수 있다는 의미에서는 '전략'으로 받아들일 수 있지만, 한편으로 상대기업의 의지를 자사의 전략에 참고하기 위해 '시장 신호'의 일종으로 받아들일 수도 있다. 어느 쪽이든 중요한 요소이므로 그 유형을 꼭 파악해 두어야 한다. 포터 교수는 기업이 경쟁 우위를 확보하기 위해 하는 의지표명으로, 크게 다음과 같은 세 가지 유형을 제시하였다.

1. 자사의 현재 움직임을 단호하게 계속하겠다는 의지

이것은 반격을 억제하는 역할을 한다.

2. 경쟁상대가 어느 특정한 움직임을 개시하면 그에 대해 반격한다, 혹은 반격을 계속한다는 의지

이것은 자사에게 위협이 되는 경쟁기업의 움직임을 억제하는 역할을 한다.

3. 자사는 관망한다, 혹은 지금까지의 움직임을 그만둔다는 의지

상대가 상처 입는 것은 하지 않는다는 것은 신뢰관계를 확립하는 약속으로, 기업간의 경쟁을 억제하는 역할을 한다.

또한 포터 교수는 이러한 의지표명을 상대기업이 신뢰하도록 의사 전달하는 것이 중요하다고 말하면서, 신뢰를 얻기 위해서는 다음과 같은 것이 필요하다고 주장한다.

(1) 의지를 신속하게 실행하기 위한 자산·경영자원 및 기타 체제
(2) 의지를 실행하기 위한 명확한 의도
(3) 의지를 철회할 수 없는 상황, 혹은 철회하지 않는다고 하는 결의가 전해질 것
(4) 타사의 이행여부가 의지에 반하는 것인지에 대한 판단 능력

또한 의지의 표명에는 방어 방안이나 공격 방안이라는 의도를 포함하는 것뿐만 아니라, 신뢰관계를 구축할 수 있는 것도 포함된다. 예를 들면, 공격 방안을 그만둔다는 의지표명이나 경쟁업체에 큰 도움이 될만한 것들이다. 이처럼 의지의 표명은 경쟁방안을 계획, 실행하는데 있어서 필수불가결한 요소이다.

5 경쟁기업의 분석과 경쟁기업에 대한 정리

이번 장에서 지금까지 배운 흐름을 확인해 보자. 우선 경쟁업체는 누구인지를 파악했다. 또한 이때 경쟁기업에는 현재의 기업만이 아니라 잠재적인 기업도 대상으로 해야 한다는 것을 설명했다. 경쟁기업을 파악한 후에는 하나하나의 기업에 대한 분석을 하였다. 분석의 요소는 경쟁기업의 「장래의 목표」, 「가지고 있는 가설」, 「현재의 전략」 그리고 「능력」 등 네 가지인 것을 배웠다. 또한 보다 정밀한 경쟁기업의 분석을 위해서 그 업체가 보내는 정보, 즉 「시장 신호」를 파악하는 것의 중요성도 학습하였다.

마지막으로 경쟁 방안에 대해 알아보았다. 경쟁 방안은 여러 가지가 있지만 최종적으로는 「협조적·비위협적인 방안」, 「위협적인 방안」, 「방어적인 방안」의 세 가지로 압축될 수 있음을 배웠다. 그리고 분명한 「의지의 표명」이라는 방안의 개념도 배웠다.

이상의 단계를 근거로 하여 실무적으로는 다음과 같은 요소를 확인할 수 있을 것이다.

(1) 경쟁기업의 양태, 행동에 관한 분석

(2) 자사가 경쟁기업에 대해서 취할 수 있는 경쟁 방안과 그 영향

그러면 다음 장부터는 경쟁요인의 중요한 요소인 '구매자'와 '공급자'에 초점을 두고 서술해 보자.

●●● 구매자의 분석과 선정

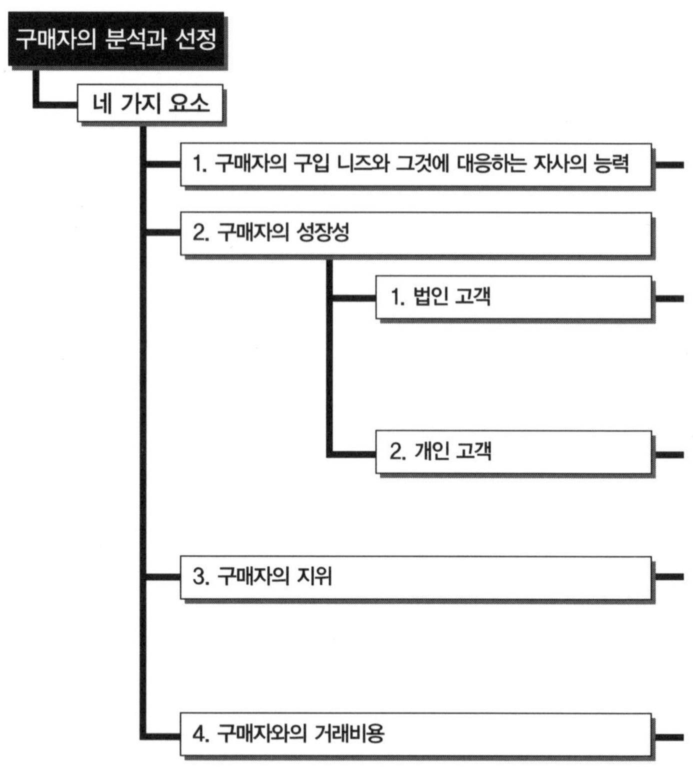
구매자의 분석과 선정
네 가지 요소
1. 구매자의 구입 니즈와 그것에 대응하는 자사의 능력
2. 구매자의 성장성
1. 법인 고객
2. 개인 고객
3. 구매자의 지위
4. 구매자와의 거래비용

1. 구매자의 구매결정에 관계하는 모든 요인과 거래상 관계하는 모든 요인
2. 특정한 구매자의 니즈를 만족시키는 능력
(※경쟁업체 분석에서 살펴 본 능력에 대한 분석을 적용시킨다)
1. 그 사업 분야의 성장률(대체품이나 고객의 성장력 등의 요인으로 결정된다)
2. 그 주요 고객 세그먼트의 성장률
3. 그 사업 분야와 고객 세그먼트에 있어서 시장 점유율의 변화
1. 인구통계상의 특성
2. 그 고객층의 구입량
1. 구매자가 본래 가지고 있는 교섭력
2. 구매자의 가격에 대한 민감도
1. 주문량
2. 판매방법(직접 판매 또는 유통업체를 통한 판매)
3. 구입처에 상품을 납품하는 리드타임의 정도
4. 생산 계획이나 물류 계획을 수립할 수 있을 정도의 안정적인 주문량
5. 납품 수송비용
6. 판매비용
7. 특별 사양, 제품 개량의 필요성

6 구매자의 분석과 선정

지금부터는 구매자의 선정에 대해서 생각해 보자. 구매자의 선정도 경쟁전략의 일부이므로 면밀하게 분석하고 명확한 기준을 가지고 선정할 필요가 있다.

제1장의 산업 구조 분석에서 '구매자의 교섭력'에 대해서 공부했다. 구매자의 교섭력이 강해지는 경우와 그 힘을 물리치는 방법에 대해 이야기 했지만, 현실적으로는 모든 구매자를 동일하게 취급하는 것이 불가능하기 때문에, 자사에 수익을 가져다 주는 구매자를 선정하는 것이 중요하다.

포터 교수는 좋은 구매자를 찾기 위해서는 다음의 네 가지 사항에 대해서 확실히 파악해 둘 필요가 있다고 강조하고 있다.

(1) 구매자의 구입 니즈와 그것에 대응하는 자사의 역량

(2) 구매자의 성장력

(3) 구매자의 지위

  1) 구매자가 본래 가지고 있는 교섭력

  2) 구매자의 가격에 대한 민감도

(4) 구매자와의 거래 비용

이 네 가지 사항으로 판단하여 구매자가 좋고 나쁨을 결정하게 된다. 포터 교수는 이 네 가지 사항에 대해 다음과 같이 상세하게 설명하고 있다.

(1) 구매자의 구입 니즈와 자사 역량의 관계

구매자가 특별히 원하는 니즈를 가지고, 그 니즈에 대응하기 위해 자사가 다른 경쟁기업이 가지고 있지 않은 기술이나 노하우를 가지고 있으면, 그 니즈가 자사에게 있어 전략적인 의미를 갖게 된다. 우선 특정 구매자의 구입 니즈를 찾아야 하는데, 이는 구매자의 구매결정에 관계하는 모든 요인과 거래상 관계하는 모든 요인을 분명히 하는 것에서 시작한다. 그 요인 중에서 현재 어떤 불만이 있을까, 어떤 점이 주요 요인이 되는 것인가를 찾는다. 그리고 그 다음은 특정 구매자의 니즈를 만족시킬 수 있는 능력이 자사에 갖추어져 있는 가를 분석한다. 이것은 '경쟁업체 분석' 부분에서 배운 「역량」의 분석을 자사에 적용시킬 필요가 있다.

(2) 구매자의 성장력

구매자의 성장력이 크면 클수록, 앞으로 자사에 대한 발주량이 많아질 가능성이 있다. 포터 교수는 구매자의 예상되는 성장은 다음의 세 가지에 의해 결정된다고 한다.

- 그 사업 분야의 성장률
- 그 주요 고객 세그먼트의 성장률
- 그 사업 분야와 고객 세그먼트에 있어서 시장 점유율의 변화

즉, 그 구매자의 현재 점유율이 어느 정도인가, 그리고 그것이 향후 어떻게 변화할 것인가를 파악한다. 또한 구매자가 기업이 아니라 개인 소비자인 경우에는 다음과 같은 데이터로 그 성장 예상도의 측정이 가능하다고 한다.

- 인구통계상의 특성
- 그 고객층의 구매량

즉, 개인 소비자의 경우 성장을 '구매자 수의 증가'와 '인당구매량의 증가'의 곱으로 찾을 수 있다.

(3) 구매자의 지위

1) 구매자가 본래 가지고 있는 교섭력

중요한 것은 자사에 대해서 교섭력이 약한 구매자를 거래상대로 선택해야 한다고 할 수 있다. 포터 교수는 교섭력이 약한 구매자의 기준을 다음과 같이 제시하고 있다.

- 총 매출액에서 볼 때, 구입량이 적은 구매자는 교섭력이 약하다.
- 당사 이외에 신용할 수 있는 구매처를 가지고 있지 않은 구매자는 교섭력이 약하다.
- 구매처 선정이나 거래, 협상에 많은 비용이 드는 구매자는 교섭력이 약하다.
- 구매처 통합의 염려가 없다고 확신할 수 있는 구매자는 교섭력이 약하다.
- 구매처의 변경에 큰 비용이 드는 구매자는 교섭력이 약하다.

또한 포터 교수는 구매처 변경과 관련한 비용으로 다음과 같은 구체적인 예를 들고 있다.

- 새로운 구매처의 부품에 맞추기 위해서, 자사 제품의 사양을 바꾸는 비용
- 새로운 구매처의 부품이 지금까지의 것과 대체 가능할지를 테스트하고 확인하는 비용
- 종업원을 재훈련시키는 비용
- 새로운 구매처의 기구나 테스트용구 등을 사용하는데 필요한 새로운 보조기구에 드는 비용
- 새로운 조달 물류 체제를 만들기 위한 비용
- 현재의 구매처와의 인연을 끊기 위해 필요한 정신적인 비용

2) 구매자의 가격에 대한 민감도

구매자의 자사에 대한 지위는, 구매자가 본래 가지고 있는 교섭력과는 별도의 관점에서, 구매자의 가격에 대한 민감도를 볼 필요가 있다. 즉, 가격에 그다지 신경을 쓰지 않는 구매자를 골라야 한다고 할 수 있다. 포터 교수는 가격에 신경 쓰지 않는 조건으로 다음과 같은 것을 열거하고 있다.

- 제품가격에서 차지하는 구매품가격의 비율이 작은 경우
- 결함제품에 대한 페널티가 가격에 비해 큰 제품을 가진 기업
- 구매품이 구매자에게 큰 폭의 경비 절감이나 효율 향상을 가져다 주는 경우
- 고품질 정책을 취하는 구매자에게 구매품이 그 정책에 기여하

는 경우

- 맞춤이나 특별 주문품의 구매자
- 구매자가 이익을 크게 올려서, 구매품의 가격에 관대한 경우
- 구매품에 대해서 충분한 정보를 가지고 있지 않고, 구매자나 구매의 사양이 애매한 구매자
- 구매 결정자의 관심이 구입가격에만 한정되지 않고 좀 더 넓은 영역을 보고 있을 경우,

구매자의 가격 민감도는 낮다.

(4) 구매자와의 거래 비용

구매자를 선정하는 마지막 항목은 구매자의 거래 비용이다. 당연히 거래 비용이 적으면 이익은 증가한다. 포터 교수는 판매비용의 증감 요인으로 다음과 같은 것을 들고 있다.

- 주문량
- 자사에서 직접 판매할 것인가, 유통업자를 통해서 판매할 것인가
- 구매자에게 상품을 인도하는 리드 타임
- 생산 계획이나 물류 계획을 수립할 수 있을 정도로 주문이 안정되어 있는가
- 납품할 때까지의 수송비용은 어느 정도인가
- 판매비용
- 특별 사양, 제품 개량의 필요성

이상과 같은 기준에 따라서 구매자를 분류하고 분석하는 것이 가능하다면, 그 기준에 따라서 최적의 구매자를 결정한다. 포터 교수는 그 외에도 다음과 같은 몇 가지 전략 원칙이 있다고 주장한다.

- 가장 바람직한 구매자는 자사에 대한 지위에 의해 결정된다.
- 저비용 지위에 있는 기업은 교섭력이 강하고, 가격 민감도가 높은 구매자에게 판매해도 높은 이익을 올릴 수 있다.
- 비용 면에서의 우위나 제품 차별화가 가능하지 않은 기업이 평균 이상의 이익을 바라는 경우, 구매자를 선별하지 않으면 안 된다.
- 전략을 취하는 형태에 따라서 바람직한 구매자를 창조할 수 있다.
- 구매자가 구입처를 고르는 기준의 범위는 좀 더 넓힐 수 있다.

이러한 순서로 구매자의 선정 절차를 진행한다. 구매자의 선정은 우선, 구매자에 관한 분석을 하고, 그리고 자사에 있어서 최적의 구매자를 선정한다. 구매자의 선정이 완료되면, 다음은 판매자(공급기업)의 선정을 한다.

●●● 공급자의 분석과 선정

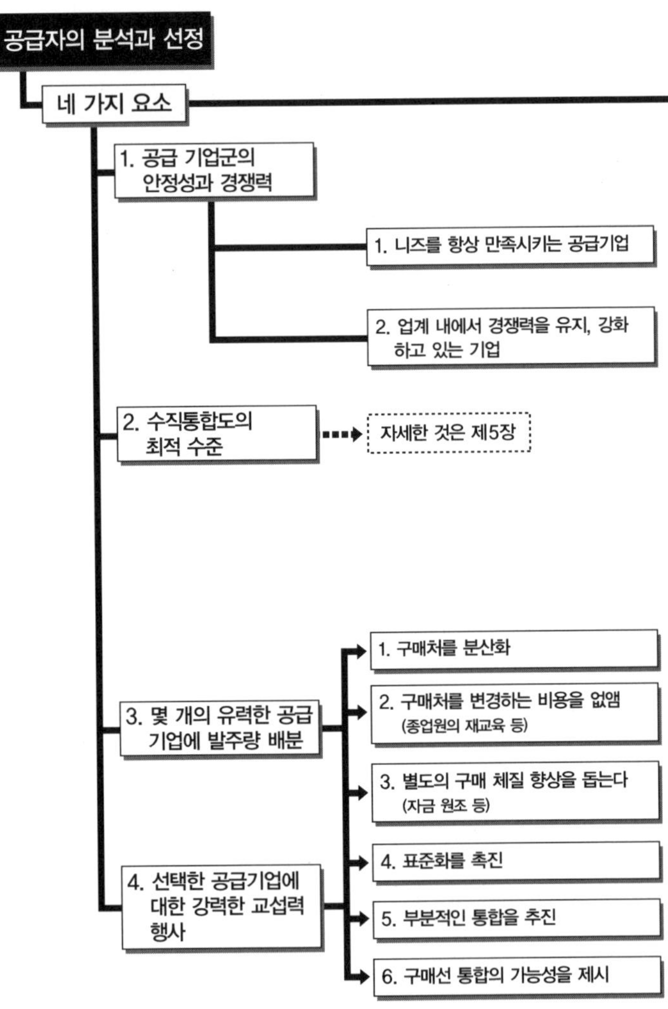

공급자의 분석과 선정
네 가지 요소
1. 공급 기업군의 안정성과 경쟁력
1. 니즈를 항상 만족시키는 공급기업
2. 업계 내에서 경쟁력을 유지, 강화하고 있는 기업
2. 수직통합도의 최적 수준
자세한 것은 제5장
3. 몇 개의 유력한 공급기업에 발주량 배분
4. 선택한 공급기업에 대한 강력한 교섭력 행사
1. 구매처를 분산화
2. 구매처를 변경하는 비용을 없앰 (종업원의 재교육 등)
3. 별도의 구매 체질 향상을 돕는다 (자금 원조 등)
4. 표준화를 촉진
5. 부분적인 통합을 추진
6. 구매선 통합의 가능성을 제시

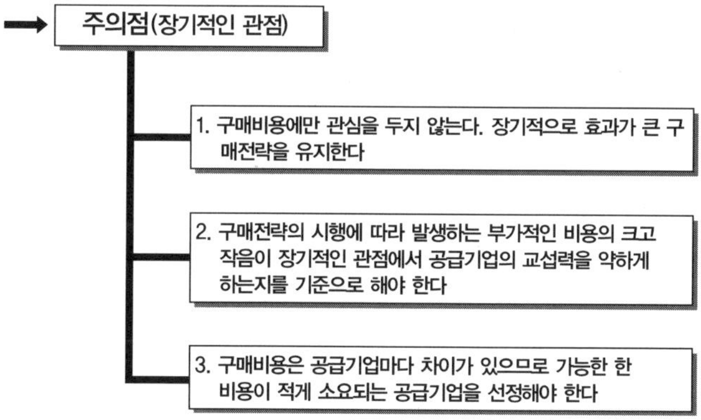

주의점(장기적인 관점)

1. 구매비용에만 관심을 두지 않는다. 장기적으로 효과가 큰 구매전략을 유지한다

2. 구매전략의 시행에 따라 발생하는 부가적인 비용의 크고 작음이 장기적인 관점에서 공급기업의 교섭력을 약하게 하는지를 기준으로 해야 한다

3. 구매비용은 공급기업마다 차이가 있으므로 가능한 한 비용이 적게 소요되는 공급기업을 선정해야 한다

7 공급자의 분석과 선정

이번에는 공급자의 선정에 대해서 알아보자. 제1장에서 다룬 것처럼, 공급자도 중요한 경쟁요인의 하나이므로, 그 선정 여하에 따라서 자사의 이익에 영향을 미친다. 이미 제1장에서 학습했던 '공급자의 교섭력'에 더하여, 이전 장의 구매자 선택의 원칙을 반대 입장에서 생각해 보면, 구매전략(공급자의 선정)의 수립이 용이해진다.

포터 교수는 구매전략 역시 산업 구조 분석의 틀 안에서 살펴볼 수 있다고 제안하고 있다. 또한 공급자의 영향력을 분석하는 법은 제1장에서 설명한 그대로이다.

산업 구조 관점에서 구매전략의 이슈

(1) 공급 기업군의 안정성과 경쟁력

- 산업 내에서 경쟁력을 유지, 강화하고 있는 기업을 공급자로 선정해야 함
- 고객의 니즈를 항상 만족시킬 수 있는 공급자를 선정해야 함

(2) 최적의 수직통합 정도

수직통합에 대한 자세한 사항은 제5장에서 취급한다.

(3) 적격 공급사에 대한 구매량 배분과 통합 발주

구체적으로는 제1장에서 학습한 다음과 같은 '공급자의 교섭력'을 약화시키는 방법을 들 수 있다.

- 구매처를 분산화 한다.
- 구매처를 변경하는 비용을 없앤다 : 종업원의 재훈련이 필요할 것 같은 제품은 구입하지 않는다.
- 별도의 구매 체질 향상을 돕는다 : 자사가 필요로 하는 제품의 개발에 자금을 낸다 등
- 표준화를 촉진한다.
- 부분적인 통합을 추진한다.
- 구매처 통합의 가능성을 제시한다.

또한 감안해야 할 것으로서, 포터 교수는 단기적인 것만 아니라 장기적인 관점에서 대상을 선정해야 한다고 말하고 다음과 같은 것을 지적하였다.

(1) 구매비용에만 관심을 두지 않고, 장기적 관점에서 효과가 큰 구매전략을 유지한다

(2) 구매전략의 시행에 따라 발생하는 부가적인 비용의 크고 작음이 장기적인 관점에서 공급자의 교섭력을 약하게 하는지를 기준으로 해야 한다

(3) 구매비용은 공급기업마다 차이가 있으므로 가능한 한 비용이 적게 소요되는 공급자를 선정해야 한다

이상으로 산업 내부의 쟁쟁요인 분석과 그에 따른 기본적인 전략에 대한 언급을 마친다. 지금까지는 산업이라는 큰 틀을 파악하여, 산업 단위로 분석하고 그 특징을 살펴보는 것이 주제였다. 다음 단계는 한층 더 세분화하여 산업 내에서의 구조 분석을 학습할 것이다.

지금까지 배운 것은 한 번 꼭 정리해 둘 필요가 있다. 여기에서 다루는 내용이 크게 바뀌기 때문이다. 이 장까지 아직 충분히 이해하지 못한 경우에는 다음으로 넘어가지 말고 한 번 앞으로 돌아가서 다시 읽어주기 바란다.

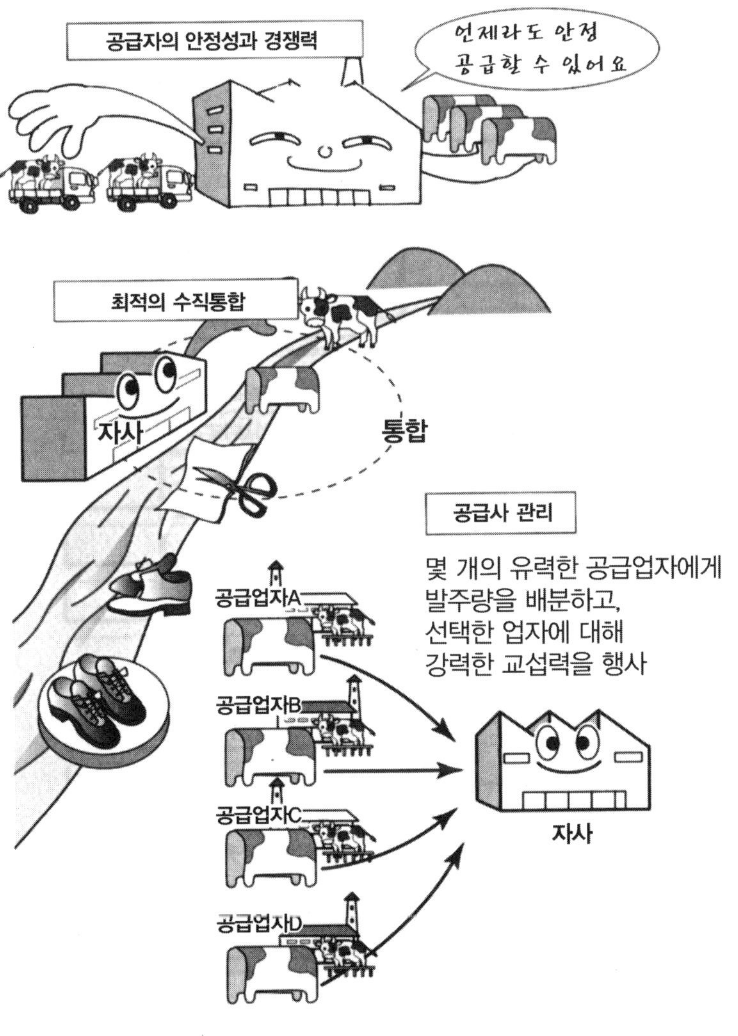

구매전략(공급자 선정의 착안점)

●●● 산업 내부의 구조 분석

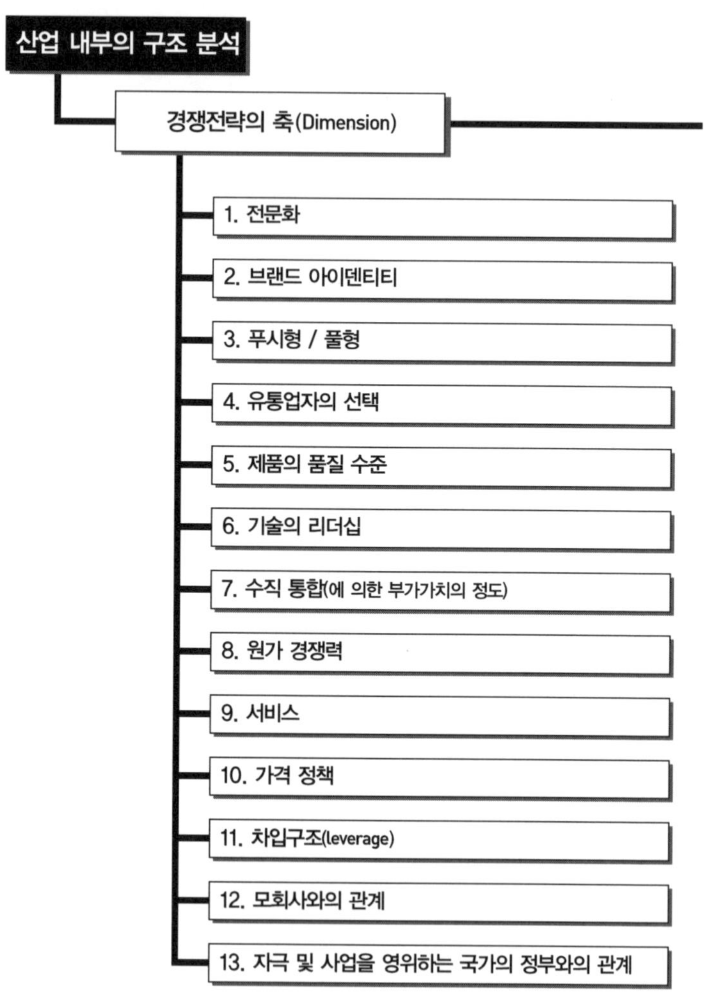

산업 내부의 구조 분석
경쟁전략의 축(Dimension)
1. 전문화
2. 브랜드 아이덴티티
3. 푸시형 / 풀형
4. 유통업자의 선택
5. 제품의 품질 수준
6. 기술의 리더십
7. 수직 통합(에 의한 부가가치의 정도)
8. 원가 경쟁력
9. 서비스
10. 가격 정책
11. 차입구조(leverage)
12. 모회사와의 관계
13. 자극 및 사업을 영위하는 국가의 정부와의 관계

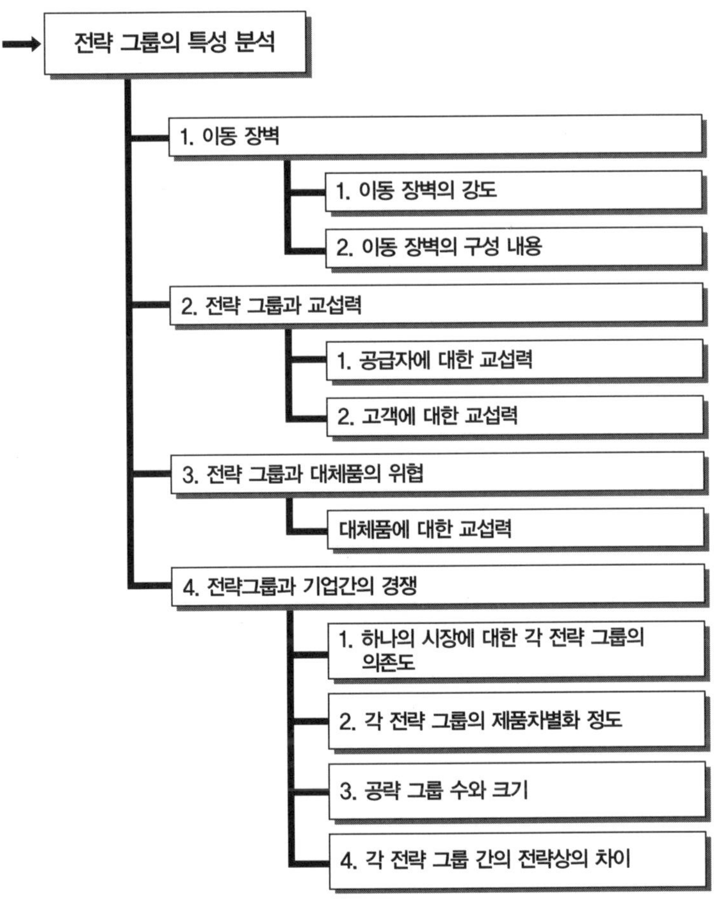

전략 그룹의 특성 분석
1. 이동 장벽
1. 이동 장벽의 강도
2. 이동 장벽의 구성 내용
2. 전략 그룹과 교섭력
1. 공급자에 대한 교섭력
2. 고객에 대한 교섭력
3. 전략 그룹과 대체품의 위협
대체품에 대한 교섭력
4. 전략그룹과 기업간의 경쟁
1. 하나의 시장에 대한 각 전략 그룹의 의존도
2. 각 전략 그룹의 제품차별화 정도
3. 공략 그룹 수와 크기
4. 각 전략 그룹 간의 전략상의 차이

산업 내부의 구조 분석

지금까지는 산업 전체의 분석을 해왔다. 지금부터는 산업 단위가 아니라 좀 더 세분화한 산업 내의 분석으로, 산업 내에 있어서 효과적인 분석방법을 제시하겠다. 산업 전체의 경쟁상황은 다섯 가지 경쟁요인 분석으로 명백해지지만, 현대차, 쌍용차, 기아차처럼 동일 업종 내의 기업들의 수익이 차이가 나는 것은 어떤 차이가 있는지를 살펴보겠다.

단일 산업 내에서 자사가 유리한 경쟁전략을 확립하려면, 우선 단면을 설정하여 '축'으로 잘라 보는 관점이 효과적이다. '축'을 사용함으로써 산업 내부의 기업이 채택하고 있는 경쟁전략을 분류할 수 있게 된다. 우선 포터 교수는 산업을 분류하는 단면으로서 다음과 같은 것을 제시하고 있다.

[체크리스트] 경쟁전략의 축 (Dimension)

- □ 전문화
- □ 브랜드 아이덴티티
- □ 푸시형 / 풀형
- □ 유통업자의 선택

- □ 제품의 품질 수준
- □ 기술의 리더십
- □ 수직 통합(통합이 가져다 주는 부가가치)
- □ 원가 경쟁력
- □ 서비스
- □ 가격 정책
- □ 차입구조(leverrage)
- □ 모회사와의 관계
- □ 자국 및 사업을 영위하는 국가의 정부와의 관계

전략 그룹

그러면 전술한 단면을 사용하여 산업 내부를 분류해 보자. 세로축과 가로축에 특정한 단면을 정하면, 업계 지도를 그릴 수 있다. 그러면 그 특징에 따라 유사한 집단이 완성된다. 포터 교수는 그 집단을 '전략 그룹(Strategic Group)'이라고 부른다. 단면을 선택하는 방법은 여러 가지가 있다. 포터 교수는 『경쟁전략』에서 단면으로서, 이전 장에서 이야기한 '전문도(낮음–높음)', '수직통합도(높음–낮음)'를 사용하여 네 가지 전략 그룹으로 분류하고 있다.

그룹이라는 개념은 '상태가 서로 비슷한 기업군'이라는 뜻으로, 같은 그룹 내에서는 기업의 상태가 서로 비슷하기 때문에 취하는 전략이나 수익률도 비슷하게 된다. 그리고 모든 기업의 목표는 가능한 한 수익이 높고 업계의 리더십이 강한 전략 그룹에 들어가는 것이다.

우선, 기업은 어딘가의 산업에 속해 있다. 그리고 그 산업 내의 경쟁에서 이겨내는 것이 중요하게 된다. 더욱이 그 산업 내의 경쟁을 자세히 분석하면, 전략 그룹이라는 것이 있어 산업 내의 기업은 더 세분화된다. 전략 그룹에도 여러 가지가 있어서 수익이 높은 전략 그룹, 그룹 내의 경쟁이 심한 전략 그룹 등 다양하다. 물론 당신은 그 전략 그룹 내의 경쟁에서도 승리해야 한다.

전략 그룹의 '이동'에 대해 이야기해 보자. 당신은 어딘가의 산업, 어딘가의 전략 그룹에 속하게 된다고 말했지만, 결코 하나의 그룹에 남아 있을 필요는 없다. 그룹의 분류기준은 상대적이기 때문에 자신이 변하지 않아도 주변이 변화함으로써 전략 그룹이 바뀌는 경우도 있다. 물론 자기가 바꾸는 경우도 있다. 예를 들면 자사가 제품의 종류가 적고(전업도가 높음), 수직통합도가 높은 그룹에 속해 있다고 하자. 그래서 제품의 종류를 늘리는(전업도를 낮게 하는) 전략으로 바꾸었다고 하자. 그렇게 하면 당신은 다른 그룹에 들어가게 된다.

이처럼 어떤 그룹에서 주변의 영향, 혹은 스스로의 노력에 의해 그룹이 바뀌는 것을 전략 그룹 간의 '이동'이라고 한다. 그리고 이 '이동'이라는 개념은 매우 중요한 관점이 된다. 제1장에서 다루었던 진입장벽과 마찬가지로 이동에도 장벽이 있다. 이 이동장벽이 기업간에 수익성의 차이를 가져온다. 강력한 이동장벽을 가지고 있으면, 당연히 높은 수익성을 유지하게 된다. 따라서 산업 내부 구조의 분석은 우선 최초로 전략 그룹의 이동장벽의 강도와 그 내용을 상세하게 분석해야 한다.

전략 그룹의 분석

그러면 산업 내부 구조 분석을 해보자. 포터 교수가 말하는 산업 내부 구조 분석의 주된 관점은 다음과 같다. 체크리스트 형식으로 되어 있으니 확인해 보자.

[체크리스트] 전략 그룹의 특성을 결정하는 네 가지 특성

(1) 이동장벽

- □ 이동장벽의 구성내용은 어떤 것인가?
- □ 이동장벽의 강도는 어느 정도인가?

이동장벽은 산업 내의 어떤 전략 그룹에서 다른 전략 그룹으로 이동할 때, 그것을 방해하는 요인을 말한다. 이것은 제1장에서 다룬 진입장벽을 형성하는 요인이 참고가 된다. 산업 내의 전략 그룹은 각각 고유의 이동장벽을 가지고 있어서 그것이 기업 간의 수익성에 차이를 가져온다. 따라서 우선 어떤 이동장벽이 있는지를 파악하고, 그 장벽의 강도는 어느 정도인지를 생각한다.

(2) 전략 그룹과 교섭력

- □ 공급자에 대한 교섭력의 상대적인 강도는 어느 정도인가?
- □ 고객에 대한 교섭력의 상대적인 강도는 어느 정도인가?

전략 그룹마다 공급자나 고객에 대한 교섭력의 강도가 다르다. 이 교섭력의 강도는 기업이 취하는 전략과 크게 관계가 있다. 예를 들면 차별화 전략으로 브랜드 로열티를 획득한 전략 그룹은 고객에 대해서 강한 교섭력을 발휘한다. 루이뷔통의 고객은 가격 민감도가 낮고 교섭력이 약하다고 할 수 있는 것이 좋은 예이다. 또한 공급업체에 대한 교섭력도 기업의 전략과 관계가 있다. 예를 들어 토요타 자동차처럼 원가 우위 전략을 채택할 수 있는 전략 그룹은 구입도 대량으로 하기 때문에 공급업체에 대해서 교섭력이 강해진다.

(3) 전략 그룹과 대체품의 위협

- 대체품에 대한 상대적인 강도는 어느 정도인가?

대체품에 대한 저항도도 전략 그룹에 따라 다르다. 전술한 것처럼 전략 그룹에 따라서 전문성(제품, 고객, 판매지역 등을 한정하고 있는 정도), 기술 수준, 브랜드 아이덴티티, 품질 수준, 원가 경쟁력, 서비스 등이 다르면, 전략 그룹에 따라서 대체품에 저항할 수 있는 힘은 변할 것이다. 예를 들면 디즈니랜드처럼 브랜드 아이덴티티가 높은 전략 그룹은 다른 레저, 엔터테인먼트라는 대체품을 위협으로 느끼지 않을 것이다.

(4) 전략 그룹과 기업간의 경쟁

산업 내에서도 경쟁이 있는 것처럼, 전략 그룹 내에서도 경쟁이 있기 때문에, 포터 교수는 전략 그룹 내의 경쟁을 결정하는 요소로서 다음의 네 가지를 지적하였다.

- 하나의 시장에 대한 각 전략 그룹의 의존도
  - 고객이 어느 정도 중복되는가?
- 각 전략 그룹의 제품 차별화 정도
- 전략 그룹의 수와 그 크기
- 각 전략 그룹간의 전략상의 차이
  - 전략에는 차이가 있는가?

그룹 지도를 작성하고, 전략을 그룹으로 나눔으로써 산업 내의 경쟁을 보다 명확하게 할 수 있다는 것은 이미 배웠지만, 포터 교수는 그 외에 다음과 같은 분석을 할 수 있다고 지적하고 있다.

(1) 이동장벽을 찾는다

- 각 전략 그룹의 특성을 상세히 파악함으로써, 전략 그룹 마다 차이가 명확해진다.
- 다른 전략 그룹을 방어하고 있는 이동 장벽을 찾아낼 수 있다.

(2) 임계(臨界) 그룹을 찾는다

- 그 업계에서 견디고 있는 것이 힘든 임계점에 있는 기업을 명확히 할 수 있다.
- 한계점에 위치하지 않으려면 어떻게 하면 좋을까라는 유의점도 재확인할 수 있다.

(3) 전략적 행동의 지침이 된다

- 기업전략의 현재 방향성이 보이며 그것이 전략적 행동의 지침이 된다.
- 또한, 산업 내의 전략의 지침이 갖추어져 있는지 발견할 수 있다.

(4) 동향(Trend)을 분석한다

- 전략 그룹과 업계의 동향을 맞추어 분석함으로써 동향과 그룹의 특성의 관계를 알 수 있다.

(5) 반응을 예측한다

- 어떤 현상에 대한 업계의 반응을 예측할 수 있다.
- 그룹 내의 기업은 같은 반응을 보이는 경우가 많다.

기업의 수익성을 결정하는 요인

지금까지 제시된 개념들로부터 기업의 수익성을 결정하는 요인을 파악해 보자. 포터 교수는 기업의 수익성을 결정하는 기본적인 요인으로 다음과 같은 것을 제시하고 있다. 「산업→전략 그룹→기업」의 순서로 상세하게 분류하면서 분석을 실시한다.

수익성을 결정하는 기본요인

(1) 산업 전체의 특성을 다섯 가지 경쟁요인(Five Forces) 분석으로 분석한다.

- 다섯 가지 경쟁요인의 강도를 결정하는 산업 전체의 구조 요소
- 산업의 모든 기업에 평등하게 적용할 수 있는 구조 요소
  - 산업의 수요량의 성장률, 산업 전체의 제품차별화 전망, 공급업계의 구조, 기술 특성 등

(2) 전략 그룹의 특성(산업 내에서 전략 그룹의 지위를 분석)

- 그 기업이 속한 전략 그룹을 지키는 이동장벽의 높이
  - 이동장벽이 높을수록 그룹 내의 평균적인 이익 전망은 커진다.
- 그 기업이 속한 전략 그룹의, 고객과 공급자에 대한 교섭력
  - 그룹의 교섭력이 강할수록 그룹 내의 평균적인 이익 전망은 커진다.
- 그 기업이 속한 전략 그룹의 대체품에 대한 취약성

- 대체품에 대한 취약성이 작을수록, 그룹 내의 평균적인 이익 전망은 커진다.

■ 그 기업이 속한 전략 그룹이 다른 그룹으로부터 공격 받을 정도

(3) 전략 그룹 내의 기업의 지위

■ 전략 그룹 내에서의 경쟁의 정도

- 기업 수가 많으면 경쟁은 심해진다.

■ 전략 그룹 내의 다른 기업과 비교한 경우의 규모

- 규모의 경제가 작동하는 산업에서는 규모가 크지 않으면 이익 전망은 작다.

■ 그 전략 그룹에 참여하기 위해 필요한 비용

■ 진입할 경우 이용할 수 있는 자원, 기능이 어느 정도 갖추어져 있는가에 따라서 기업의 지위가 정해진다.

■ 선정한 전략을 실행하고 완수하는 기업의 실무 면에서의 능력

- 경영 능력, 브랜드·광고 능력, 연구개발 능력 등 실무 면에서의 실행력의 우열

기업이 고수익 산업에 속하고, 또한 그 산업 안에서 바람직한 그룹에 속하고, 그 전략 그룹 안에서 강력한 지위를 누릴 수 있다면 수익성은 커진다.

●●● 산업의 변화

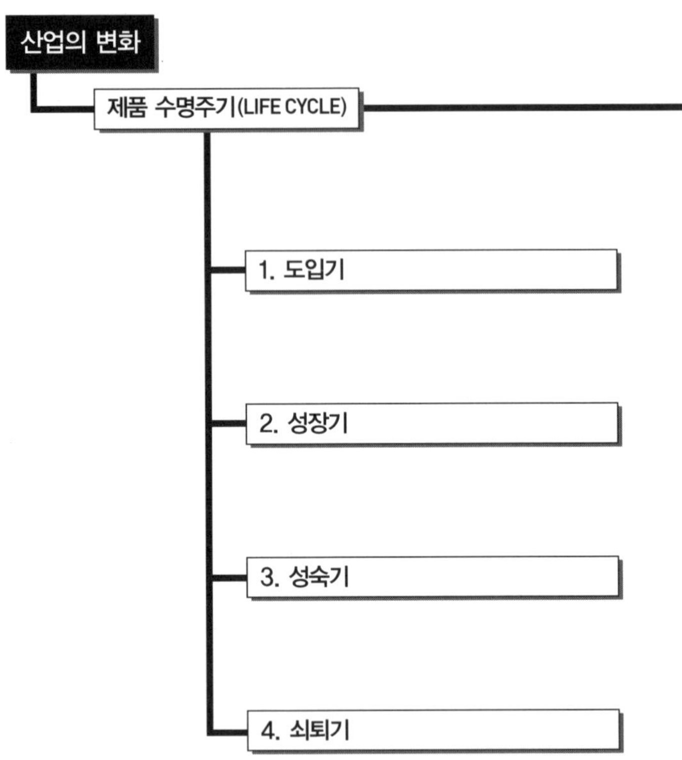

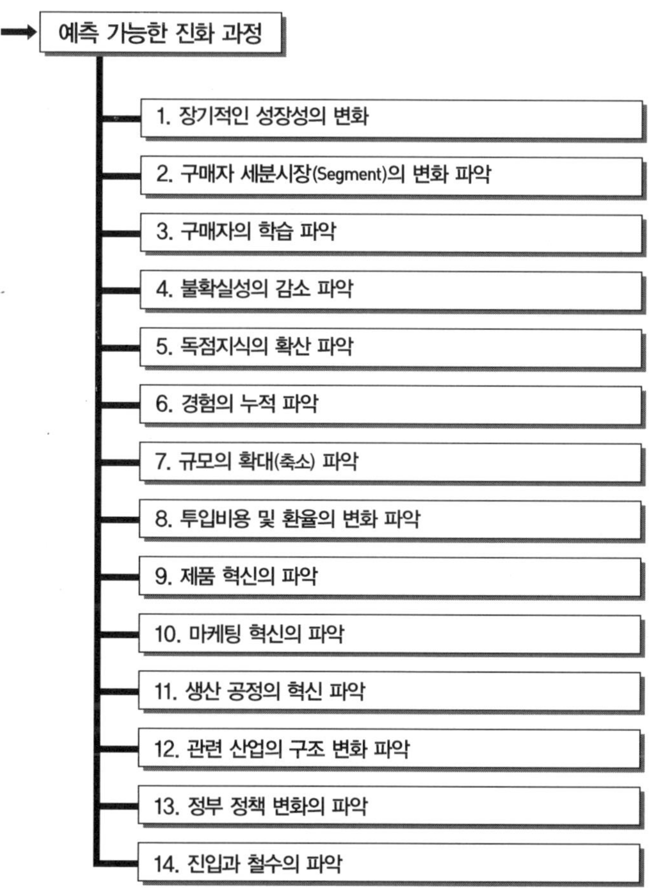
예측 가능한 진화 과정
1. 장기적인 성장성의 변화
2. 구매자 세분시장(Segment)의 변화 파악
3. 구매자의 학습 파악
4. 불확실성의 감소 파악
5. 독점지식의 확산 파악
6. 경험의 누적 파악
7. 규모의 확대(축소) 파악
8. 투입비용 및 환율의 변화 파악
9. 제품 혁신의 파악
10. 마케팅 혁신의 파악
11. 생산 공정의 혁신 파악
12. 관련 산업의 구조 변화 파악
13. 정부 정책 변화의 파악
14. 진입과 철수의 파악

9 산업의 변화

| 제품 수명주기(Life Cycle)

지금까지는 산업의 경쟁력과 산업 내의 경쟁에 대해서 이야기했다. 그러나 이들의 분석에는 '산업은 절대적으로 존재한다.'는 가설이 있었다. 즉 산업 내외의 기업에만 초점을 맞추면 되는 것이었다. 하지만 자동차가 없던 시대에는 당연히 '자동차 산업'이 없었던 것처럼, 또한 동시에 '마차 산업', '인력거 산업'이 점점 쇠퇴한 것처럼 산업의 상황은 시시각각 변해 간다. 산업의 변화를 예측하는 것은 전략을 입안하는 데 아주 중요하다. 따라서 여기부터는 어떻게 산업의 변화를 예측하면 좋을지에 대해 공부하겠다.

산업의 변화는 수요와 관련이 있기도 하고 국가의 정책과 관련이 있기도 하다. 만일 그러한 요인에 규칙성이 있다면, 그 규칙성을 전략에 도입하는 것이 가능할 것이다. 포터 교수는 그러한 규칙성이 있다고 주장하고 있다. 그것이 「제품의 수명주기」라는 생각이다. 대다수의 산업은 「도입기」에서 시작하여, 「성장기」, 「성숙기」를 거쳐 「쇠퇴기」에 돌입한다. 다음 그림은 그것을 표현한 것이다.

세로축에 산업의 매출액, 가로축에 시간을 놓고 그 추이를 나타내고 있다. 당연히 산업에 따라서 시간 폭은 다르고 매출액 규모도 다

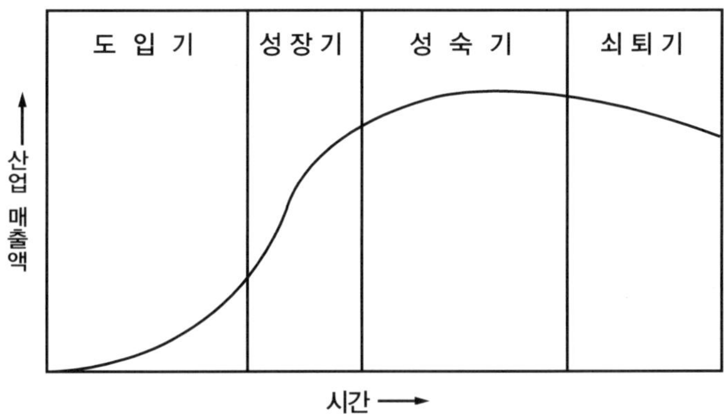

르다. 따라서 수명주기의 규모는 달라진다. 일반적으로는 그림과 같지만, 반드시 그림과 같은 S자형이 되지 않은 경우도 있기 때문에 유연하게 사고하는 것이 좋다. 중요한 것은 이 수명주기의 각 단계에서 경쟁의 성격이 바뀌어 간다는 것이다.

『경쟁전략』에서는 각 단계별로 취해야 할 전략이나 경쟁, 실태와 관련한 예측 내용이 상세하게 기술되어 있다. 따라서 전략을 구성할 때 아주 효과적인 수단이 된다.

변화를 예측한다

앞에서 산업이 네 단계로 변화해 간다는 것은 설명하였다. 이제는 좀 더 정밀하게 변화를 예측하는 방법을 살펴보자. 포터 교수는 산업의 변화에는 몇 개의 진화 프로세스가 있어서, 그 속도는 다르지만 일반적인 진화 프로세스가 존재한다는 것을 지적하고 있다. 그가 지적하는 산업의 진화 프로세스를 열거해보고 내용을 살펴보겠다.

(1) 장기적인 성장성의 변화
(2) 구매자 세분시장(Segment)의 변화
(3) 구매자의 학습
(4) 불확실성의 감소
(5) 독점지식의 확산
(6) 경험의 누적
(7) 규모의 확대(축소)
(8) 투입비용 및 환율의 변화
(9) 제품 혁신
(10) 마케팅 혁신
(11) 생산 공정의 혁신
(12) 관련 산업의 구조 변화
(13) 정부 정책 변화
(14) 진입과 철수

그러면 이제부터 이 14가지의 진화 프로세스에 대해서 설명한다. 체크 리스트 형식으로 되어 있어서 독자들도 자기 기업이 속해 있는 산업의 변화를 살펴볼 수 있다.

산업의 진화 프로세스

(1) 장기적인 성장성의 변화(산업의 장기적인 성장률) 파악

■ 다음의 6가지에 의해 산업의 성장률이 결정된다

- 구매자의 인구 통계적 특성은 어떤가?
  - 소비재의 경우에는 인구 통계적 특성이 수요의 성장률을 나타낸다.
  - 제품 수요의 소득 탄력성 파악
  - 국내만이 아니라 해외의 인구 통계적 특성도 파악한다.
  - 생산재의 경우에는 인구 통계적 특성이 아니라 제품 수명 주기에 의해 정해진다.
- 니즈 동향은 어떤가?
  - 구매자 층의 라이프스타일, 기호, 사고방식, 사회적 조건 변화라는 사회의 동향을 파악하는 것이 중요
  - 정부의 규제도 니즈를 변화시킨다.
  - 소비재만이 아니라 생산재에도 영향이 있다.
- 대체품의 상대적인 지위의 변화는 어떤가?
  - 대체품의 가격이 내려가면 업계는 큰 타격을 입는다.
  - 항상 동일한 수요를 충족시키는 대체품의 동향을 파악하고, 상대적인 거리를 유지하는 것이 중요하다.
- 보완 제품의 지위 변화는 어떤가?
  - 보완 제품이란 어떤 제품과 동시에 사용되는 제품

    (예를 들면 칫솔에 대해서는 치약 등과 같은 것임)

• 자사 제품에 대한 보완 제품의 매출은 자사 제품의 매출에도 영향이 있다.

(예를 들면 칫솔이 팔리지 않고 치약만 팔리는 일은 있을 수 없다)

- 고객 그룹에 얼마나 침투해 있는가?
  - 산업의 성장률은 고객에 대한 침투율에 크게 의존한다.
  - 침투율이 100%가 되면 이번에는 새로 사서 바꾸는 수요와 반복수요라는 요소가 중요하게 된다.
  - 따라서 고객에 대한 침투비율은 니즈와 별도로 파악해 두어야 한다.
- 제품의 개량은 어떤가?
  - 지금까지는 제품은 불변이라는 전제였지만, 당연히 제품은 바뀐다.
  - 제품의 개량 동향을 파악해 두는 것이 중요

(2) 구매자 세분시장(Segment)의 변화 파악

- ■ 이익이 예상되는 구매자 세분시장을 전부 파악한다.
- ■ 그 세분시장 하나하나에 대해서 특성을 조사한다.

(3) 구매자의 학습 파악

- ■ 구매자는 구입을 반복하는 가운데 학습하게 된다.
  - 제품이나 사용방법에 관한 지식의 학습
  - 경쟁 브랜드의 특성에 관한 지식의 학습
- ■ 구매자가 지식을 늘릴 때마다 제품은 범용 제품화 된다.

- 범용 제품화 되면 브랜드간의 차이는 작아진다.
- 제품, 서비스의 향상을 추구하게 된다.

■ 구매자의 학습 속도 결정요인
- 구매자에게 중요한 제품의 경우 학습 속도는 빠르다.
- 구매자가 기술에 대해 잘 아는 제품인 경우 학습 속도는 빠르다.

■ 구매자의 학습을 재편하는 것도 가능하다.
- 제품·서비스, 판매방식, 스타일을 바꿈으로써 새롭게 제품을 차별화하는 것이 가능하다.

(4) 불확실성의 감소 파악

■ 비즈니스에는 여러 가지 불확실성이 항상 따라 다닌다.
- 잠재시장 규모가 어느 정도일까 하는 불확실성
- 제품의 형태는 어떤 것이 최적인가 하는 불확실성
- 예상 고객은 어떤 특성을 가지고 있는가 라는 불확실성
- 예상 고객에 접근하는 방법 등
- 기술상의 문제를 극복하는 불확실성

■ 불확실성의 감소는 새로운 형태의 신규 진입기업을 그 산업에 불러들인다.

(5) 독점지식의 확산 파악

■ 기술이나 지식은 일반화되어 시간이 지남에 따라 그 독점성이 감소한다.

- 경쟁업체 조사에 의한 정보의 일반화
- 자회사로부터의 정보유출에 의한 정보의 일반화
- 종업원 전직에 의한 정보유출로 정보의 일반화

■ 다음과 같은 경우에는 기술의 전달 속도가 늦어지게 된다.
- 기술이 복잡하고 전문성이 높은 경우
- 연구 부문에 있어서 규모의 경제 정도가 큰 경우
- 큰 투자, 연구, 개발 체제가 필요하게 되는 경우

■ 특허 등으로 지키는 방법은 있지만, 그다지 효과가 기대되지 않는다.

■ 독점 기술의 확산에 대한 전략은 다음과 같고, 이를 선택하지 않으면 안 된다.
- 기존의 노하우와 전문 기술자를 지킨다.
- 항상 기술개발을 진행한다.
- 기술 이외의 분야에서 전략상의 지위를 유지한다.

(6) 경험의 누적 파악

■ 경험곡선 효과란 기업이 경험을 쌓음에 따라 제품 한 개당 비용이 싸게 되는 것이다.

■ 전문지식의 유출이 빠르고 용이한 산업은 각 기업이 우선적으로 도입한 것을 모방하기 때문에 경험곡선의 효과가 작아진다.

(7) 규모의 확대(축소) 파악

■ 산업 규모의 확대는 산업의 구조에 여러 가지 영향을 끼친다.

- 새로운 기업의 진입을 가능하게 한다.
- 수직통합이 쉬워지지만 수직통합이 진행되면 그것이 진입장벽이 된다.

■ 산업 규모의 축소는 그 반대를 의미한다.

(8) 투입비용 및 환율의 변화 파악

■ 투입비용이란 생산, 개발, 유통, 설계 등 제품을 제공하기 위해 투입되는 비용임

■ 다음과 같은 투입비용이 변화하면 전략을 바꿀 수밖에 없다.

- 인건비
- 재료비
- 자본 비용
- 커뮤니케이션 비용(광고비 등)
- 운송비용

(9) 제품 혁신의 파악

■ 시장 확대와 연결되어 산업의 성장을 촉진하고 제품의 차별화를 촉진한다.

■ 구매자의 제품 경험을 재편하여 구매행위에 영향을 미칠 수 있다.

■ 산업 외의 혁신에도 관심을 둘 필요가 있다.

(10) 마케팅 혁신의 파악

- 수요 확대와 연결되어 산업 구조에 영향을 미친다.
- 제품비용을 인상하는 것도 가능하다.
- 규모의 경제가 작용하여 마케팅 혁신이 일어날 수도 있다.
- 고정비와 변동비의 비율을 변화시켜 산업 내의 경쟁상태에도 변화를 준다.

(11) 생산 공정의 혁신 파악

- 생산 공정의 자본 집약도가 변화하고 규모의 경제가 변화한다.
- 산업 내로부터가 아니라, 산업 외부로부터의 변화도 생각할 수 있다.

(12) 관련 산업의 구조 변화 파악

- 공급기업이나 고객의 산업 변화는 자사의 교섭력에 변화를 주기 때문에, 간접적이기는 하지만 자사가 속해 있는 산업에도 영향을 준다.
- 관련 산업의 집중화나 수직통합 등이 커다란 예이다.

(13) 정부 정책변화의 파악

- 정부는 직접 영향을 미친다.
  - 관세를 부과한다.
  - 품질 규제, 무역 규제 같은 여러 가지 규제를 한다.
  - 법률을 만든다(특허 등).

(14) 진입과 철수의 파악

- 기업이 진입하는 것은 진입비용 이상으로 이익이 기대되는 경우다.
- 다른 산업에 기반을 갖춘 기업은 일반적으로 기존에 보유한 기술이나 자원을 신규사업에 적용하여 경쟁구조를 변화시킨다.
- 철수장벽은 시장에 남아있는 건전한 업체들까지 가격전쟁이나 지나친 경쟁에 휘말리게 함으로써 수익성을 악화시킬 수 있다.

이처럼 산업의 진화 프로세스는 전략상의 힌트가 될 수 있다. 산업변화 예측의 요점을 배웠으므로 현재 산업의 지도에 더하여 미래 산업의 지도를 손에 넣은 것이다.

정부의 시책 변화

1. 관세를 부과한다

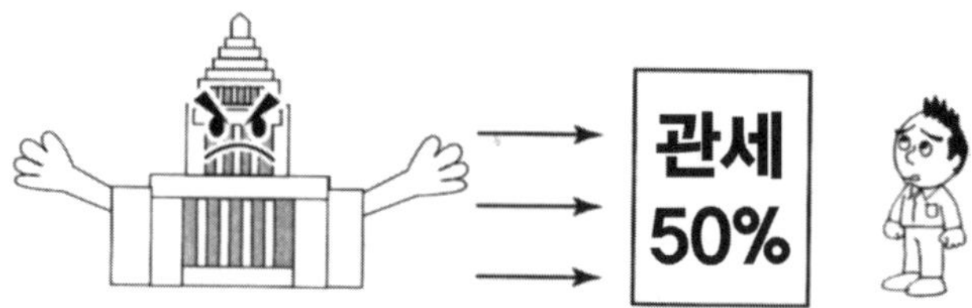

2. 규제를 한다

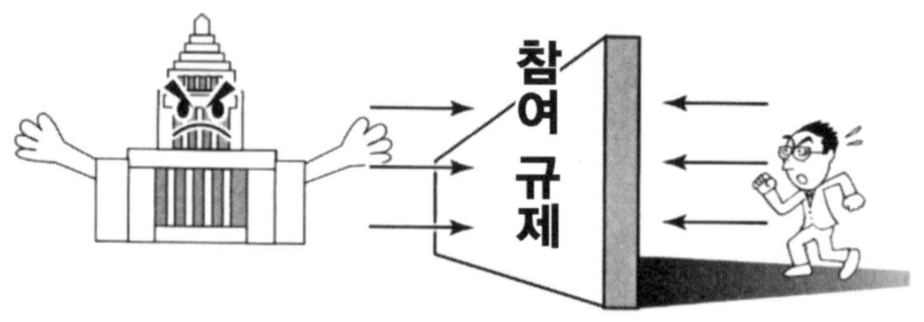

3. 법률을 만든다

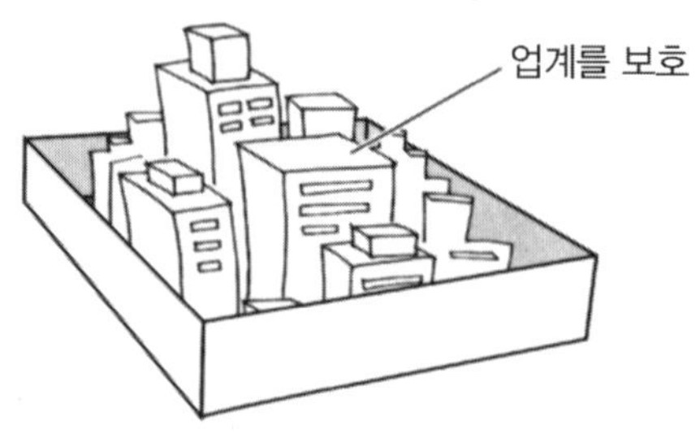

제3장 정리

포터 교수는 "산업의 구조는 매우 주관적인 것이다."라고 말한다. 즉, 어떤 기업이 신규 진입기업이고 어느 기업이 경쟁기업인지, 어디까지를 대체품이라고 하는지 등은 모두 기업의 가치관에 의존한다. 또한 여러 가지 혁신에 의해 산업의 경계선이 애매해져서 지금까지는 관계가 없었던 두 개의 산업이 섞이게 되는 일도 빈번하게 생기고 있다.

그러나 그렇더라도 자사 나름대로 산업을 정하고 분석해서 최적의 전략을 도출하는 것은 매우 중요하다. 또한 당연한 말이지만 산업 구조를 바꿔 나가는 주역은 기업의 행동이다. 산업을 하나의 환경으로 받아들이는 것이 아니라, 자기 회사가 산업을 움직여 나가는 것이 중요해진다. 그러기 위해서는 항상 안테나를 올리고 정보 수집을 게을리하지 말아야 한다.

제3장에서는 '산업 구조 분석'을 주안점으로 놓고 분석을 하고, 전략 도출의 단서가 될만한 관점을 배웠다. 다음 장인 '산업 환경별 전략의 착안점'부터는 보다 구체적으로 '이러한 경우에는 이러한 전략을'이라는 이야기를 하겠다. 아직 충분히 이해하지 못한 부분이 있으면 다시 읽고 자기 것을 만든 후에 다음 장으로 나가기 바란다.

제4장

산업 환경별 전략

1장
산업 구조 분석의 기초(다섯 가지 요인)

3장
산업과 경쟁자의 분석

전략의 수립

4장 산업 환경별 전략

5장 주요 전략의 결정

2장 세 가지 기본 경쟁전략

1 현재까지의 흐름

우선, 제1장 '산업 구조 분석의 기초'에서는 산업의 경쟁요인은 어떻게 되어 있고, 산업의 경쟁상태는 어떻게 결정되는지 알아보았다. 그리고 제2장 '세 가지 기본 경쟁전략'에서는 전략의 개념을 살펴보고 구체적으로 세 가지 기본 전략을 배웠다. 그리고 제3장 '산업과 경쟁자 분석'에서는 복잡하게 얽혀 있는 다섯 가지 경쟁요인으로부터 어떻게 전략을 도출하면 좋을지와, 분석의 노하우를 학습했다. 그리고 산업 내부에서 전략을 도출할 때 반드시 고려해야 할 핵심내용에 대해 공부했다. 즉, 지금까지 배운 것을 한 마디로 말한다면, '경쟁전략 수립에 사용하는 분석기법'이라고 하겠다.

이것은 예를 들어, 휴대폰을 사서 '이러한 기능이 있다.'라고 배운 정도의 상태와 같다. 기능을 배운 것만으로는 휴대폰을 제대로 사용하지 못하는 것과 마찬가지로, '실제로 이런 기능을 어떻게 사용할지'를 배우지 않으면 안 된다. 따라서 이번 장에서는 '휴대전화의 사용방법'에 해당하는 부분, 즉 '분석으로부터 전략을 어떻게 도출할 것인지'를 배우겠다.

하지만 불행하게도 '이렇게 하면 잘 된다.'라는 절대적인 방법론은 존재하지 않는다. 산업의 환경이 다르면, 그 환경에 어울리는 전략이 달라지기 때문이다. 그렇다면 하나하나의 산업 환경에 대해서 설명해가면 되지 않을까 생각할 수 있지만, 세상에는 수많은 산업이 존재한다. 따라서 그것들을 하나하나 연구해서는 끝이 없을 것이다. 그래서 포터 교수는 일반적인 산업의 환경을 다음과 같이 5가지로 구분하고, 각 환경에 맞는 경쟁전략의 방향을 제시하고 있다.

1. 다수 경쟁 산업
2-1. 첨단 산업
2-2. 성숙 산업
2-3. 쇠퇴 산업
3. 글로벌 산업

산업 환경별로 경쟁전략을 살펴보는 이유는, 환경이 다르기 때문에 경쟁의 전략적 특성이나 취할 수 있는 전략의 수단과 공통의 전략적 오류가 서로 다르기 때문이다. 위에서 열거한 환경적 요소는 종종 서로 섞이는 경우가 있다. 예를 들면, '쇠퇴기의 글로벌 산업' 등을 말한다. 이 경우에는 양쪽의 분석으로부터 산업의 특징을 찾으면 된다. 즉, 산업의 특징과 그 산업 내부에서의 전략을 수립하는 것이 제4장의 목적이다.

●●● 산업 환경별 전략포인트

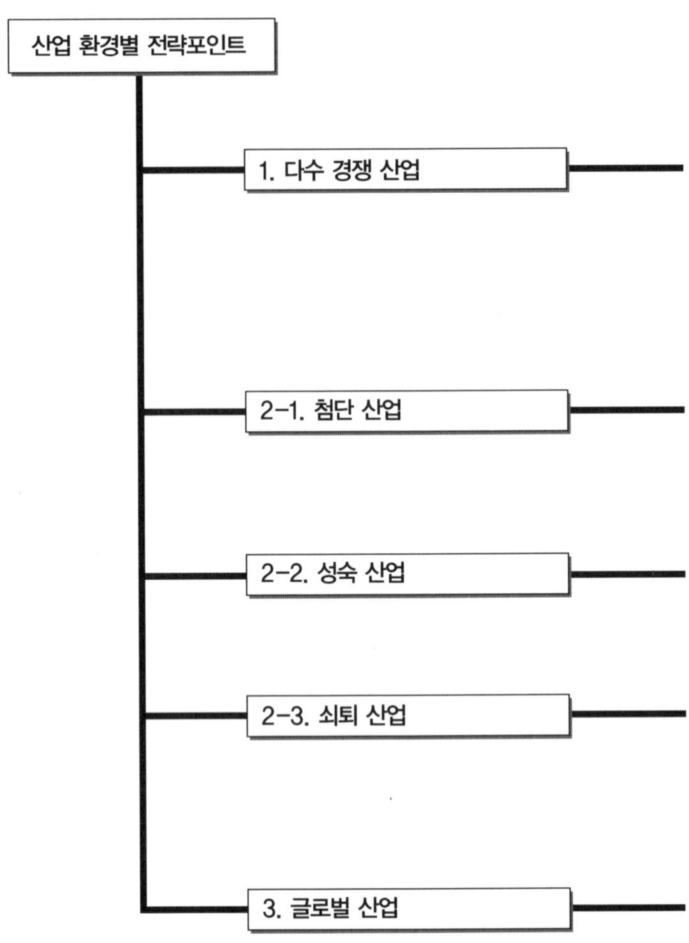

1. 산업의 구조는 어떤가, 경쟁업체는 각각 어떤 위치에 있는가?
2. 다수 경쟁의 원인은 무엇인가?
3. 다수 경쟁의 상황을 바꿀 수 있는가, 그 방법은?
4. 상황변화에 따라 이익을 얻을 수 있을까, 그 경우 자사는 어떤 위치에 있어야 하는가?
5. 다수 경쟁을 피할 수 없는 경우, 어떻게 대처하는 것이 최선인가?

1. 산업의 특징은 무엇인가?
2. 산업의 발전을 방해하는 문제는 무엇인가?
3. 어느 시장을 빨리 개척할 수 있는가?
4. 어떤 전략을 선택해야 하는가?

1. 이행移行기간에 업계는 어떻게 변화하는가?
2. 이행기간은 전략에 어떻게 영향을 주는가?

1. 쇠퇴기의 경쟁을 좌우하는 구조요인은 무엇인가?
2. 쇠퇴기의 전략은 무엇인가?
3. 쇠퇴기의 전략은 어떻게 선택해야 좋을까?

1. 글로벌 산업의 원인과 장애는 무엇인가?
2. 글로벌 산업이 나타나는 환경이란?
3. 글로벌 경쟁과 국내 경쟁의 차이는?
4. 글로벌 전략의 수립이란?

2 다수 경쟁 산업의 경쟁전략

| 다수 경쟁 산업(Fragmented Industries)의 특징과 큰 흐름

다수 경쟁 산업이란 문자 그대로 다수의 기업이 격전을 벌이고 있는 업계를 말한다. 다수 경쟁 산업의 특징은 기업 수가 많기 때문에 어떤 기업도 상당한 시장 점유율을 점하지 못하고, 산업의 생산량을 크게 좌우할 수 없는 것 등을 들 수 있다. 다수 경쟁 산업에서는 많은 중소기업이 서로 밀고 당기고 함으로써 자연스럽게 경쟁이 생기고, 경쟁이 이익을 낮추게 된다고 포터 교수는 말한다. 다수 경쟁 산업의 구체적인 예로는 '서비스업', '도매업', '소매업' 등이 있다.

여기에서 한 가지 주의해야 할 점이 있다. 그것은 '몇 개사 이상이 혼전을 해야 다수 경쟁 산업이다.' 라는 구체적인 기준이 없다는 것이다. 굳이 말한다면 다수 경쟁 산업의 기준은 여러분이 정하면 된다. 중요한 것은 '다수 경쟁 산업이라고 느꼈을 때, 어떤 전략을 생각할 수 있는가' 라는 것이고 구체적으로 다수 경쟁 산업을 결정할 필요는 없다.

그러면, 가령 당신이 속한 산업이 다수 경쟁 산업이라고 느꼈을 때에는 어떤 전략을 생각할 수 있을까? 우선 생각해야 하는 것이 '다수 경쟁 산업의 제압' 이다. 다수 경쟁 산업보다는 그렇지 않은 편이 수익의 증가가 기대될 것이다. 따라서 우선 자사의 힘을 활용하면 다수 경쟁 산업을 통합할 수 있지 않을까 하는 착안점을 가져야 한다. 그래서 만일 통합할 수 있다는 것을 알았을 때에는 그 통합이 전략의 첫걸음이 된다. 그러면 통합이 무리인 경우에는 어떤가? 통합이 무리인 경우에도 그 다수 경쟁 산업에서 '어떻게 수익을 올려야 하는가' 라는 전략이 준비되어 있다.

이런 착안점을 근거로 구체적인 전략 수립의 순서는 다음과 같다. 우선 현상을 분석하고, 다수 경쟁 산업이 된 원인을 생각한다. 그리고 통합할 수 있는지, 통합하지 못한다면 어떻게 이익을 기대하면 좋은지 등 이러한 순서로 전략을 도출하면 좋을 것이다. 첫 번째 순서인 구조 분석에 대해서는 지금까지 해왔다. 그러면 두 번째 순서인 '다수 경쟁 산업이 된 원인'을 찾는 방법부터 살펴보기로 하자.

[구체적인 전략 수립의 순서]

1. 산업의 구조는 어떻게 되어 있는가? 경쟁업체는 각각 어떤 위치에 있는가?
2. 다수 경쟁의 원인은 무엇인가?
3. 다수 경쟁 상태를 바꿀 수 있는가? 그 방법은?
4. 바꾸면 이익을 얻을 수 있는가?
5. 다수 경쟁 상태를 피할 수 없는 경우, 어떻게 대처하는 것이 최선인가?

| 다수 경쟁의 원인은 무엇인가?

우선, 산업이 다수 경쟁 산업으로 된 원인에 대해서 살펴보자. 업계를 다수 경쟁 산업에 이르도록 한 원인은 여러 가지를 생각할 수 있다. 포터 교수가 말하는 주요 원인을 체크리스트 형식으로 열거해 보자. 만일 자사가 속해 있는 산업이 다수 경쟁 산업이라고 생각한다면 그에 맞는 원인은 다음 중에서 찾을 수 있을 것이다. 원인을 파악하는 것은 매우 중요하고 나중에 구체적인 전략의 도출과도 관계가 있으므로 꼭 시간을 내어 이해하기 바란다.

만일 자사가 속한 산업이 틀림없이 다수 경쟁 산업이라고 느끼고 있다면, 다소의 원인을 찾았을 것이다. 다음 단계로 가기 전에 그 요인에 대해서는 반드시 메모를 하자. 계속해서 생각해야 할 핵심은, 열거할 수 있는 원인을 바꿀 수 있는가 없는가 하는 것이다. 당신이 속한 산업을 다수 경쟁 산업이 되게 한 원인을 바꿀 수 있는가?

다음 항에서는 바꿀 수 있다고 가정하고, 그렇다면 어떻게 바꿀 수 있을 것인가 라는 전략적인 방법론에 대해서 서술하기로 한다.

[주의]
원인을 바꿀 수 있는가에 대해서는 이 시점에서 이미 생각해 두어야 한다.

다수 경쟁의 원인

(1) 기업이 진입하기 쉽다

- 진입장벽이 낮다.
- 신규 업계다.

(2) 대기업보다 중소기업에 적합하다

- 규모의 경제, 혹은 경험 곡선이 통하지 않는다.
- 운송비용이 비싸다.
- 구매자나 공급기업이 너무 강해서 대기업이라도 거래가 유리하지 않다.
- 규모의 불경제성(규모가 큰 것이 불리하게 되는 것)이 치명적이다.
- 넘쳐흐르는 창조성이 자랑거리다.
  - 이 논의의 전제는 중소기업은 대기업보다 조직적인 행동 제약이 적기 때문에 창조성이라는 면에서 뛰어나다는 것이다.
- 다양한 시장 니즈가 있다.
  - 구매자의 기호가 폭 넓게 나누어져 있어서 그에 대처할 수 있는가 하는 점
- 사람에 의한 서비스가 사업을 결정짓는 수단이다.
  - 이 논의의 전제는 중소기업은 기동성이 뛰어나서 대기업보다 다양한 고객의 니즈에 대처할 수 있기 때문에 서비스 면에서 뛰어나다는 것이다.
- 작업 현장에 밀착해서 관리 감독을 해야 한다.

- 특정지역에 특화된 이미지나 결속을 통해 사업이 성립되고 있다.
  - 이것은 그 고장에 판매한다는 의미가 아니다. 어디까지나 그 고장과의 결속이 사업의 중요 포인트가 되어 있는 경우이다.
- 현저한 제품 차별화, 특히 이미지에 의한 차별화가 많다.
- 각 지역의 법령에 의한 기준 설정이 있다.
- 어떤 품종이라도 만들 수 있는 제조 설비를 가지고, 주문 생산의 형태를 취한다.
- 재고 비용이 높고, 매출의 변동도 크다.
  - 매출의 변동이 큰 것은, 대기업에게 불리한 내용이 된다.

(3) 합병이나 제휴가 일어나기 어렵다

- 정부에 의한 기업 집중(합병, 제휴)의 금지가 있다.
  - 만일 합병이 있다면, 통합이 진행되므로 다수 경쟁 산업이 아니다.

(4) 철수하는 데 많은 노력이 필요하다

- 철수장벽이 있다.
  - 철수장벽이 있는 경우에 기업은 약간 곤란한 상황이더라도 그 자리에 머물 수밖에 없다.

다수 경쟁업체 난립의 원인

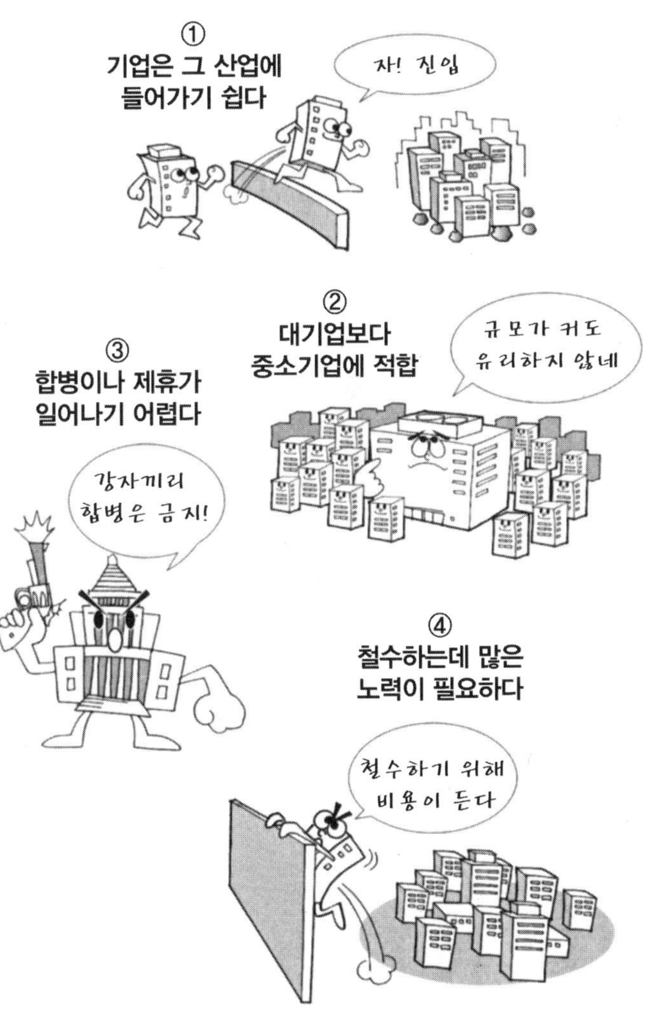

어떻게 다수 경쟁 산업을 바꿀 것인가?

만일, 자사가 다수 경쟁 산업에 빠져 있지만, 그것을 자사의 전략으로 바꿀 수 있다면 수익성을 높인다는 의미에서 꼭 통합을 해야 한다. 그러면 구체적으로는 어떻게 통합하면 좋을까? 포터 교수는 산업을 다수 경쟁에 빠지게 한 원인을 제거할 수 있는 다음의 행동을 하면 된다고 한다.

(1) 규모의 경제나 경험 곡선이 작용하는 조건을 만들어 낸다

- 당신의 기업이 솔선해서 기술 혁신이나 마케팅 혁신을 일으키면 좋다.
  - 일반적으로 기술이 변화하고 규모의 경제성이나 경험 곡선이 작용하기 시작하면, 기업끼리 정리 통합이 일어난다.
  - 기술 혁신으로 기계화나 큰 설비투자가 필요하게 되면, 기업끼리 정리 통합이 일어난다.
  - 마케팅 혁신을 일으켜서 규모의 경제성이 생기면 업계는 정리 통합되기 쉽다.

(2) 다양한 니즈에 표준품으로 대응한다

- 당신의 기업이 솔선해서 제품이나 마케팅의 방법을 과감하게 개정하면 좋다.
  - 제품에 다기능화 등의 변화를 줌으로써 구매자의 기호를 자사 제품에 집중시키게 된다(예: 프린터에 스캐너나 팩스 기능을 추

가한다).

- 마케팅의 방법을 바꿈으로써 소비자의 가치관도 바꿀 수 있다(예: 소고기 덮밥 한 그릇=3천 원이라는 가치관, 서적을 인터넷에서 주문한다는 가치관).

(3) 다수 경쟁의 주된 원인을 무력화시키든지 분리해낸다

■ 업계가 다수 경쟁이 되는 원인을 정리할 수 있는 경우에는, 원인을 경영으로부터 분리해내는 전략을 취할 수 있다.

- 캠프장에서는 캠프의 영업소를 전국의 야외 시설에 배치하기 때문에, 본사만으로 관리하는 데는 한계가 있다.
  - 규모가 크면 불리한 사례지만, 이 문제는 캠프장을 프랜차이즈화함으로써 원인을 무력화할 수 있다.

(4) 흡수합병 하여 이익이 나는 규모까지 확장한다

■ 작은 합병으로는 역효과지만, 흡수합병을 반복함으로써 효과가 나는 경우도 있다.

- 예를 들면, 판매를 위해 특정지역과의 관계가 필요하다면, 여러 개 회사와 합병하는 것으로는 효과가 적다. 오히려 경쟁만 격화되는 역효과가 난다. 그러나 합병을 몇 번이고 반복함으로써 전국의 주요 도시를 뒤덮을 수 있다. 그렇게 되면 흡수합병은 규모의 경제 등 큰 이점을 가져다 준다.

(5) 산업의 동향을 재빨리 탐지한다

- 산업의 정리 통합이 진행되지 않는 것은 단지 산업이 미숙한 것 때문인 경우가 있지만, 그러한 경우에는 산업이 성숙하면 정리 통합이 진행된다.
  - 그 산업이 성숙해지는 시간을 놓치지 않기 위해서도, 동향을 재빠르게 탐지하는 것이 중요하게 된다.
- 산업의 정리 통합이 진행되지 않는 것은 단지 산업의 수익이 낮아 매력이 없는 것 때문인 경우가 있다. 그 경우 수익이 증가하면 정리 통합이 진행된다.
  - 그 산업의 수익이 증가하는 시간을 놓치지 않기 위해서도, 동향을 재빠르게 탐지하는 것이 중요하게 된다.

[고려사항]

이와 같이 다수 경쟁 산업을 통합할 수 있다. 그러나 이러한 것들은 업계의 리더기업이 취하는 접근방법이다. 자사가 산업의 리더기업도 아닌데 이러한 정리 통합을 앞장서서 진행하려고 하면, 주위의 기업으로부터 공격을 받는 경우가 있다. 그래서 산업에서의 자사의 지위를 충분하게 확인할 필요가 있다.

어떻게 다수 경쟁상황을 개선할 것인가

1. 규모의 경제나 경험 곡선이 작용할 조건을 만들어낸다

2. 다양한 니즈에 표준품으로 대응

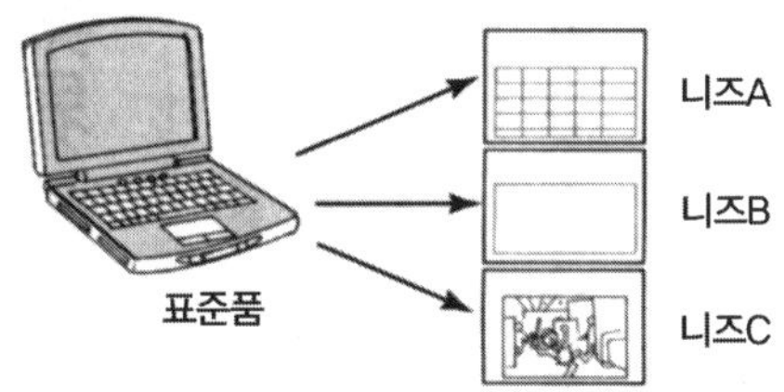

3. 흡수합병으로 이익이 나는 규모까지 크게 한다

4. 다수 경쟁의 주요 원인을 무력화하거나 떼어낸다

5. 산업의 동향을 재빠르게 탐지한다

| 다수 경쟁 산업 내에서 대처한다

다수 경쟁을 진압할 수 없다고 판단한 경우에는 그 산업에서 철수하든지, 산업 내에서 잘 살아가든지 두 가지 길밖에 없다고 포터 교수는 지적한다. 산업에서 철수하는 경우에는 철수하면 되지만, 결정하기 전에 다수 경쟁 산업 내에서 살아남을 전략을 생각해 보자. 이 전략의 포인트는 '어떻게 해서 산업 내에서 자사의 지위를 상승시킬 것인가'이다. 포터 교수는 다음과 같은 대처방법을 제시하고 있다.

(1) 강력한 본사 통제에 의한 자주경영의 분권제도를 구축

- 다수 경쟁 기업은 강력한 사내 결속이나 사람의 손이 많이 가는 극진한 서비스를 특색으로 하고 있는 경우가 많다.
- 본사 통제와 관리제도에 의한 분권제도를 구축하고 실행함으로써 규모의 경제를 활용할 수 있는 요인도 된다.

(2) 설비의 표준화를 꾀한다

- 각 지역에 효율이 좋은 저비용 설비를 다수 건설한다.
  - 구체적으로는 전국의 공사기준이나 설비용구 등을 표준화함으로써 규모의 경제를 살리는 방법이다.
  - 이것을 통해서 경쟁상대보다 투자액을 줄이고도 같은 수준의 서비스를 실현할 수 있다.

(3) 부가가치를 높인다

■ 다수 경쟁 산업의 다수는 제품의 차별화가 되지 않기 때문에, 사업의 부가가치를 높여서 해소한다.

- 예를 들면 페트병을 덤으로 주는 것과 같이 고객에게 직접 영향을 주는 부가가치
- 유통만 하는 기업이 그 사업의 부산물인 정보를 이용해서 정보 사업을 시작할 때의 부가가치
- 전방 수직통합을 통해서 판매조건을 관리하기 쉽게 되면 부가가치를 높일 수 있게 된다.

(4) 제품의 종류나 제품의 세그먼트를 전문화한다

■ 제2장에서 설명한 집중 전략의 일부를 행하는 것과 같다.

- 특정 제품 분야에 목표를 집중함으로써 그 세그먼트에만 있는 니즈를 추출할 수 있다.
- 집중 전략을 실행함으로써 고객에게 밀접한 정보를 얻을 수 있고, 고객에게 정보를 제공할 수 있어서 고객과 친밀하게 된다.
- 그러나 전문화 전략에 의해 미래의 성장이 제약될 수 있다.

(5) 고객의 특정유형에 집중화한다

■ 이것도 집중 전략의 일종이다

- 제품이나 서비스 상의 부가가치를 가장 원하는 고객에게 집중한다.

- 구매 시에 고압적인 태도를 보이지 않는 고객에게 집중한다.
- 특정 고객에게 집중하면 이익률은 높아지지만, 기업의 미래 성장에는 제약이 있다.

(6) 주문의 타입을 집중화한다

■ 예를 들면 소량 주문, 특별 주문 등에 집중화한다.

- 고객을 집중화하지는 않지만, 주문에 대해서는 특정의 방법으로만 받는다.
- 주문의 창구를 축소하는 것이므로, 어느 정도의 물량은 희생할 수밖에 없다.

(7) 특정 지역에 집중한다

■ 전국적으로 높은 점유율을 확보할 수 없는 경우에는 판매 지역을 특정 장소로 한정하는 것도 하나의 전략이다.

- 하나의 지역에 한정해서 설비, 마케팅, 세일즈 활동을 실시하여 그 지역을 구석구석까지 공략함으로써 세일즈 활동의 효율화를 꾀할 수 있다.

(8) 장식을 버리고 맨몸으로 승부한다

■ 간접비를 줄이고, 숙련공에 의존하지 않아도 되도록 원가관리를 엄격히 하고 작은 부분도 세심하게 관리한다.

(9) 후방 수직통합을 한다

- 점유율이 작더라도 후방통합을 진행해 가면 비용이 줄어들고 경쟁업체에 큰 압력이 되는 경우도 있다.

다수 경쟁 산업에 있어서 전략의 함정

다수의 경쟁업체가 난립하는 산업환경에서는 그 특성에 맞는 전략의 함정이 나타나게 된다. 포터 교수는 그 중에서 반드시 피해야만 하는 5가지 함정에 대해서 설명하였다.

(1) 압도적 지배를 노리는 함정

- 다수 경쟁 산업에서 몇 가지 전략방침으로 정리통합을 제시했지만, 어디까지나 전제는 다수 경쟁 산업이라는 것이다. 따라서 통합할 수 있는 기업의 수에도 제한이 있으므로 업계 전체의 지배와 같은 압도적 지배를 노리는 것은 실패로 끝나게 된다.
  - 다수 경쟁 산업에서는 규모의 확대에 의해 경쟁력을 잃어버릴 가능성도 아주 높다는 리스크를 파악해 둘 필요가 있다.

(2) 일관성 없는 전략 수행

- 다수 경쟁사가 난립하는 상황이 해소되지 않는한 최적 경쟁 전략은 집중화하는 것이다.

- 이는 기존 사업 폐쇄, 업계총력에 반하는 등 과감한 결단력이 필요하다.
- 때론 단기적이고 일회성, 기회주의적인 전략이 성공할 수도 있으나 장기적으로는 전략의 일관성을 약화시켜서 경쟁력을 감소시켜야 한다.

(3) 너무 심한 중앙 집권화라는 함정

- 다수 경쟁 산업에서는 경쟁의 중요 요소가 개인화된 서비스, 개별고객과의 계약, 운영관리 및 스타일의 변화와 변동성에 대한 반응능력 등에 있기 때문에 너무 심한 중앙 집권화는 이런 비생산적일 경우가 많다.
  - 중앙 집권화가 되면 세부적인 것까지 미치지 않는 경우가 많다.
- 마찬가지로 다수 경쟁 산업에서는 생산과 마케팅의 집중체제를 취하더라도 규모의 경제는 발휘되지 않고 반대로 불리할 경우가 많다.

(4) 경쟁상대도 동일한 간접비나 이익 목표를 가진 기업이라고 믿어 버리는 함정

- 다수 경쟁 산업인 만큼 여러 가지 개념을 가진 기업이 많이 혼재한다.
  - 일반적인 업계처럼 '기업은 이래야 한다.'는 고정관념조차도 통하지 않는 경우가 있다.

- 따라서 각 기업에 따라 전혀 다른 반응을 보이는 경우가 많으므로, 그때그때의 예측 불가능한 반응을 고려하고 여유 있는 마음의 준비가 필요하다.

(5) 신제품에 허둥대는 함정

- 제1장에서 설명한 바와 같이, 경쟁상대가 많다는 것은 구매자의 교섭력이 강해진다는 것이다. 이와 같은 상황에서 발매되는 신제품에 회사들이 경쟁적으로 고액의 투자를 하게 된다. 그러나 주변에 경합이 많기 때문에 경쟁이 발생하고 거액의 투자를 회수하지 못하는 경우도 많다. 그러한 리스크를 생각해 둘 필요가 있다.
- 요컨대 다수 경쟁 산업에 있어서 신제품의 취급은 심사숙고해야 하는 것이다.

이상이 다수 경쟁 산업의 전략이다. 종합적으로 말할 수 있는 것은, 작은 경쟁업체가 많은 산업에서 자사를 지켜 나가는 것이 쟁점이었다는 것이다. 처음에 설명한 일련의 전략 수립 순서가 기본이 된다는 것을 항상 기억해 둘 필요가 있다.

다수 경쟁 산업에 대해서 공부한 것은 지금까지의 이론 부분과 비교해서 어떠했는가? 틀림없이 지금까지와 비교해서는 갑자기 실천적인 내용이 되었다고 느낄 수 있었을 것이다. 이처럼 각 산업의 환경에 있어서 구체적인 전략 수립을 생각함으로써, 이 책의 학습은 완료된다.

다음은 첨단 산업이다. 생긴지 얼마 되지 않은 산업에 대해서 공부해보자. 혁신이 난무하는 첨단 산업에서는 어떤 전략을 수립하면 좋을 것인가?

너무 심한 중앙 집권화

3 첨단 산업의 경쟁전략

| 산업의 특징

계속하여 첨단 산업의 전략을 살펴보자. 원래 첨단 산업이라는 것은 어떤 특징을 가지고 있을까? 첨단 산업이라고 불리는 산업은 산업마다 차이가 있겠지만 공통된 특징이 있다. 간단히 말하면 '경쟁 그 외의 게임의 룰이 정해져 있지 않다.', '산업의 규모는 작다.', '새로운 업종이다.' 등의 특징이다. 그것들을 좀더 구체적으로 알아보자. 당신의 기업이 속해 있는 산업이 첨단 산업인지 아닌지를 판단해 보라.

첨단 산업의 구조적 특징

(1) 기술의 장래성이 분명하지 않다

- 기술의 제품구성의 종류나 어느 기술이 효율적인지 등이 분명하지 않다.

(2) 전략도 분명하지 않다

- '이것이다!'라고 할 수 있는 전략은 아직 정해져 있지 않다.
  - 각 기업이 서로 정보를 파악하지 못해서 이렇게 된다.

(3) 처음에는 비용이 높지만 급속하게 내려간다

- 경영개선의 아이디어가 나오거나 종업원이 업무에 익숙해지기 때문에, 학습곡선이 급상승을 계속한다.
- 기업의 생산규모도 누적 생산량과 함께 커져 간다.
- 학습곡선의 급상승이나 생산규모의 증대에 의해 비용은 삭감된다.

(4) 분사(Spin Off) 기업이 연이어 생긴다

- 업계의 구조가 신설 기업에 커다란 진입제한이 되지 않는다면, 분사 기업은 첨단 업계에 참여한다.

(5) 구매자가 모두 처음 구매하는 사람이다

- 첨단 산업의 제품이나 서비스는 구매자들에게 완전히 처음이다.
  - 마케팅의 방향성은 어떤 제품의 대체품이라고 하면서 진행하는 데 있다.

(6) 시간과 시야가 좁다

- 고객 개척이나 수요에 알맞은 제품을 만드는 일에 열심이다.
  - 장래에 어떻게 될 것인가 라는 관점에서의 대처는 어렵다.

(7) 보조금이 나온다

- 혁신적 기술을 만들어내는 산업이나 사회적 관심이 집중되는 산업은 보조금이 나오는 경우가 있다.

- 보조금 때문에 쓸데없이 산업이 불안정하게 되는 경우도 있다.

산업의 발전을 방해하는 이유

첨단 산업은 기업이 궤도에 오를 때까지 여러 가지 제약이나 문제점에 직면한다. 산업의 발전은 어떻게 방해받고 있을까? 그 이유 중에서 생각할 수 있는 것을 열거해 보자. 당신이 속한 산업이 첨단 산업이고, 그 산업의 발전이 좀처럼 생각한대로 이루어지지 않는 경우에는, 포터 교수가 지적한 다음과 같은 원인이 있을 것이다.

(1) 원료나 부품을 확보할 수 없다

- 공급기업의 능력이 첨단 산업을 쫓아가지 못하는 경우가 많다.

(2) 원료가격이 급등한다

- 첨단 산업의 초기단계에서는 수요가 극단적으로 증가하는 한편, 공급이 쫓아가지 못해 주요 원료의 가격이 급등해 버리는 경우가 많다.
- 공급기업이 수요가 많다는 것을 알고 설비투자 등을 시작하면 이번에는 급속히 하락한다.

(3) 산업의 기반이 확보되어 있지 않다

- 원료를 확보하기 어려운 동시에 산업기반이 충분하지 않아 곤

란한 경우도 많다.

(4) 제품이나 기술의 규격화가 진전되지 않는다

- 제품과 기술이 극히 유동적이기 때문에 제품이나 기술의 규격허가가 내려지지 않는 경우가 많다.

(5) 계속 좋은 물건이 나올 것으로 구매자가 예상한다

- 좀 더 좋은 물건이 곧 나올 것으로 구매자가 느끼면, 구매자는 신기술의 등장을 기다려서 좀처럼 산업 자체의 성장을 예상할 수 없는 경우가 있다.

(6) 고객이 혼란스럽게 된다

- 제품에 다양한 방식이 있고 기술도 다양하기 때문에 고객은 자주 혼란스럽게 된다.
- 경쟁업체가 상반된 주장이나 반론을 반복하기 때문에 고객이 당황하게 된다.
- 고객이 혼란스럽게 되어 자신에게는 아직 빠르다고 느끼게 되면 산업의 성장은 기대할 수 없다.

(7) 제품의 품질에 균일성이 없다

- 제품의 품질이 균일하지 않은 경우가 많아, 산업 전체의 이미지가 나빠지는 경우가 많다.
- 고객의 불안감을 커지게 하는 결과를 가져온다.

(8) 자금시장에서 이미지와 신용이 확립되지 않는다

- 고객에게 불안감을 주기 때문에, 금융권에서의 산업 이미지가 좋지 않다.
- 그러나 하이테크 산업이나 시대의 요청에 잘 부응하고 있는 기업에 대해서는 그렇지 않다.

(9) 법규상의 인가가 어렵다

- 현재의 수요를 새로운 형태로 만족시키려고 하는 경우, 정부 감독기관의 인가를 받아야 한다.
  - 그때 시간이 많이 걸려, 준비는 되어 있는데 판매를 하지 못하는 상황이 자주 있다.
- 반대로 정부의 영향으로 하룻밤 사이에 산업이 무대 전면에 진출하는 일도 있다.

(10) 코스트가 비싸다

- 앞에서 언급한 것처럼, 새로운 것을 시작하면 거액의 비용이 든다.
- 이런 상황에서 기업은 원가 이하의 가격을 책정하거나 산업의 발전속도를 더디게 가져가기도 한다.
- 수량이 늘어나면 비용이 내려가고, 다시 수량이 증가하는 구조를 만들어 내는 것이 포인트이다.

위협을 받는 기업의 공격

1. 법 규제나 정치를 이용한다

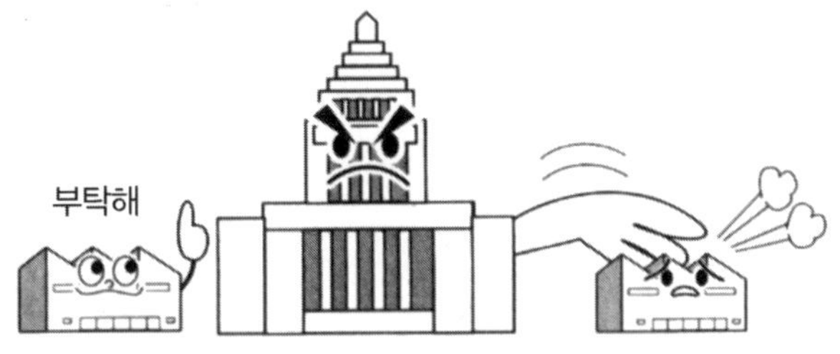

2. 제품의 가격을 인하한다

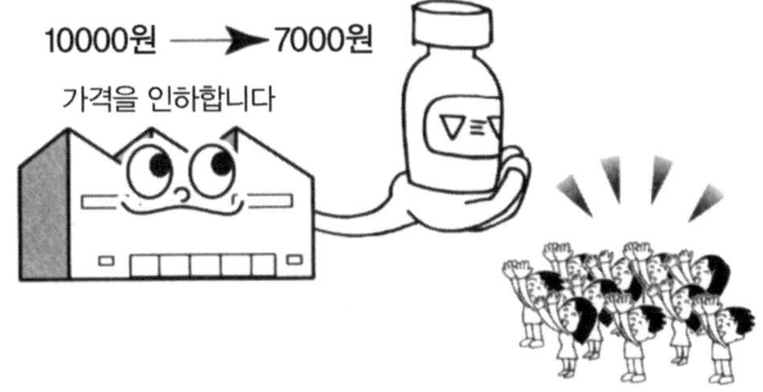

3. 연구개발에 자금을 투입하여 경쟁력 강화를 도모한다

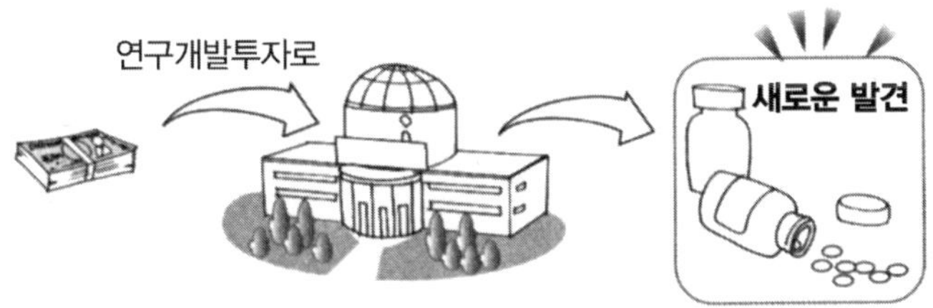

(11) 위협을 받는 산업이나 조직이 저항한다

■ 새로운 산업의 출현은 반드시 어떤 다른 산업에는 위협이 된다. 위협을 느끼는 기업은 신규기업에 대해서 다음과 같은 공격을 한다.

- 법 규제나 정치를 이용한다.
- 제품의 가격을 인하한다.
- 연구개발에 자금을 투입하여 경쟁력 강화를 도모한다.

| 어느 시장을 빨리 개척할 수 있는가

첨단 산업의 경우에는 새로운 산업의 제품을 어느 시장이 새롭게 받아들이고, 어느 시장이 받아들이지 않는가를 구별해 내야 한다. 이 선택은 산업 전체의 발전에 큰 영향을 준다. 포터 교수는 산업의 발전에 있어서 초기 시장이 기여하는 점이 크다고 말한다. 당신의 기업이 속해 있는 산업이 첨단 산업이고, 지금부터 시장을 선택하려고 하는 단계에 있는 경우에는 육감적으로 시장을 결정할 것이 아니라, 시장마다 포터 교수가 지적하는 다음 질문을 던져 본다. 그리고 자사의 제품을 받아들여 줄 것 같은지를 검토하고, 그 시장이 매력적인지를 판단해 보는 것이 좋다.

(1) 어떤 혜택(Benefit)이 있는가

■ 성능상의 장점

- 특정 구매자에게 있어서 성능상의 장점은 어느 정도 큰가?
- 그 장점은 어느 정도 일목요연한가?
- 그 뛰어난 성능에 의해, 구매자의 경쟁적 입장이 어느 정도 강화되는가?
- 구입제품을 변경해야 할 정도로 경쟁의 압력이 강한가?

■ 비용상의 장점

- 특정 구매자에게 있어서 비용 면에서의 장점은 어느 정도 큰가?
- 그 장점은 어느 정도 일목요연한가?
- 비용을 낮추어서 얻을 수 있는 경쟁상의 유리함은 오래 지속될 것인가?
- 구입제품을 변경해야 할 정도로 경쟁의 압력이 강한가?
- 구매예상 고객의 전략은 어느 정도 비용을 중시하고 있는가?

(2) 신제품의 채택이나 변경에 드는 비용이 적을수록 구매자는 빨리 채택한다

■ 다음과 같은 비용이 적을수록 구매자는 빨리 채택한다.

- 종업원의 재교육 비용
- 보조 장치를 새롭게 구입하는 비용
- 기존 설비에 투자한 것 중에서 미상각未償却한 감가減價
- 변경에 필요한 자본
- 변경에 수반되는 엔지니어링이나 연구개발 비용
- 관련있는 생산 공정이나 사업 분야의 일부 수정에 드는 비용

- 신제품이 새로운 기능을 제공하는 것인지, 종래의 제품을 대체하는 것인지가 중요하다. 신제품이 종래의 제품을 대체하는 경우에는 재교육, 미상각 자산 등의 여분 비용이 든다.
- 설계를 재검토하는 주기가 어느 정도인가도 중요한 포인트이다.

(3) 기술의 수준

- 기술의 수준이 구매자의 용도가 요구하는 수준에 도달하고 있다면, 구매자는 신제품을 빨리 채택한다.

(4) 신제품에 결함이 있는 경우의 손해

- 신제품에 결함이 있는 경우 구매자의 손해가 작을수록 구매자는 신제품을 빨리 채택한다.

(5) 지원 서비스

- 지원 서비스란 엔지니어링이나 수리를 말한다.
- 지원 서비스에 전문성이나 숙련기술이 필요하지 않은 경우에는 구매자가 빨리 채택한다.

(6) 진부화 비용

- 진부화 비용이란 제품이 진부화되는 경우, 경쟁력을 유지하기 위해서 제품을 새로 사서 바꾸어야 하는 비용을 말한다.
- 진부화 비용이 낮으면 낮을수록 좀처럼 새로 사서 바꾸지 않아도 되기 때문에 구매자는 신제품을 빨리 채택한다.

(7) 정부, 법규, 노동관행이 방해가 되는 정도

- 신제품의 채택에 어느 정도의 제약조건이 있는지는 구매자에게 있어서 큰 문제가 된다.
- 정부 등의 방해가 적으면 적을수록, 자유롭게 공정이나 제품사양 자체를 변경할 수 있으므로 구매자는 신제품을 채택할 가능성이 높다.

(8) 변경에 필요한 경영자원

- 신제품의 변경에 전용할 수 있는 경영자원이 많으면 많을수록, 신제품으로 변경하기 쉽기 때문에 구매자는 신제품을 채택하기 쉽다.

(9) 기술 변화를 받아들이는 태도

- 기술 변화에 대한 개별 기업 이미지는 서로 다르다. 기술 변화야말로 전략상의 입장을 유리하게 할 것이라고 받아들이는 기업이 있는 반면, 기술 변화는 항상 위협이라고 생각하는 기업도 있다.
- 기회라고 보는 업계가 신제품을 빨리 구입한다.

(10) 의사결정자 개인의 리스크

- 구매자의 오너십 혹은 권력구조에 따라 의사결정자 개인의 리스크 수준이 상이할 수 있다.

전략의 선택

지금까지는 첨단 산업의 동향을 분석하는 요소를 살펴보았다. 다음은 드디어 전략의 수립이다. 그렇지만 첨단 산업에서는 경쟁의 종류나 상태가 매우 한정되어 있기 때문에, 취해야 할 전략의 선택지는 그리 많지 않다. 포터 교수는 다음과 같은 다섯 가지 전략이 있다고 지적하고 있다.

(1) 산업의 질서를 만든다

- 첨단 산업의 포인트는 산업 내의 어떤 기업도 산업의 질서를 만드는 힘이 있다는 것이다.
- 산업의 경제원칙을 어기지 않고 자사의 경영자원이 허용하는 범위에서, 긴 안목으로 보아 자사가 가장 득을 보는 산업 내의 규칙을 만들어 낸다.

(2) 산업 발전인지, 자사 이익인지를 선택한다

- 기업이 이익을 늘리는 방법은 두 가지가 있다. 산업 전체의 성장을 추구하는 것과 자사만의 성장을 추구하는 것이다.
- 첨단 산업에서는 산업의 발전 없이는 자사의 성장이 없다. 따라서 첨단 산업에서는 다른 기업에 해를 끼치지 않아도, 산업의 발전에 협력하지 않고 자사의 이익을 너무 추구하는 것만으로 타사의 공격을 받는다.
- 처음에는 경쟁사와 협력해서 산업의 발전에 기여한다. 시장 침

투가 진행됨에 따라 점차 비중을 자사에 두는 식이 좋다.

(3) 원재료 공급기업이나 유통기업을 잘 활용한다

- 산업이 성장하게 되면 공급기업이나 유통기업의 태도가 바뀌므로 그 변화를 전략에 반영한다.
- 활동 방식이 바뀐 것을 이용하는 것도 전략의 하나이다.

(4) 이동장벽을 변화시킨다

- 산업이나 자사의 성장과 함께 장벽이 나타난다. 전략 그룹을 이동할 때의 장벽 등이다.
- 이러한 장벽에 대해서 미리 자금 등을 가지고 대처할 수 있도록 해 두는 것이 좋다.

(5) 참여해 오는 기업의 변화를 읽는다

- 산업이 성장해 가면, 서서히 대기업과 같은 강호들이 참여해 온다.
- 그렇게 되는 현실을 받아들이고, 그것을 전략의 일부에 포함시켜 두는 것이 매우 중요한 일이다.
- 예를 들면, 통합의 움직임을 중지할 수 있도록 전략을 준비해 두는 방식이다.

| 시나리오

첨단 산업은 그 모습이 눈이 어지러울 정도로 바뀌므로 산업의 미래를 예측하기 어렵다. 그래서 불확실하게 된다. 그러나 전략을 세우는 데 있어서, 변화하기 쉽기 때문에 어떻게 변화할지 예측하지 못한다는 것은 말이 안 된다. 여기에서 중요한 것이 '시나리오'라는 사고방식이다.

시나리오란 미래에 어떻게 될 것인가에 대해서 각각 일관성 있는 기조로 만든 것이며, 여러 가지가 존재한다. 예를 들면 '초기 시장이 실패한 경우'나 '제2점포를 진출하는 경우' 등을 말한다. 각각의 전제하에 일관성 있게 만들어진 시나리오에 대해서 전략을 준비한다. 산업의 변화에 맞추어 각 시나리오에 대해 피드백 하는 것이다.

시나리오의 작성과 피드백에 따른 수정을 몇 번이고 반복한다. 그렇게 해서 드디어 전략을 수립할 때는 어떤 시나리오로 할 것인가를 판단하고, 그 시나리오에 맞는 전략을 수립하는 것이다.

이처럼 첨단 산업의 경우에는 예상을 하기도 아주 어렵다는 불확실성은 있지만, 경험이나 육감이 통용되지 않는 만큼 '완전 전략 지향의 세계'라고 할 수 있다. 즉, 전략의 좋고 나쁨이 직접적으로 매출에 영향을 준다. 이런 의미에서는 상당히 공평하고 재미있다고 할 수 있다. 그리고 첨단 산업은 시간의 흐름과 함께 성숙기로 이행한다.

계속해서 성숙 산업의 경쟁전략에 대해 알아보자. 첨단 산업과 다르게 어떤 것이 포인트가 될지 확실히 파악해 보자.

4 성숙 산업의 경쟁전략

이행기에 볼 수 있는 산업의 변화

이전의 첨단 산업은 전략 지향성이 생동감 있고 재미있는 산업이라고 생각하는 분도 있을 것이다. 그러나 그 상황은 오래 지속되지 않고 서서히 성숙되어 간다. 성숙기로 이행하면 산업의 환경에 몇 가지 변화가 나타난다. 포터 교수는 그 변화를 다음과 같이 서술하고 있다.

성숙기로 이행하는 산업에 찾아오는 변화

- 성장이 둔화되고, 그로 인해 점유율 경쟁이 격화된다.
  - 성장이 멈추면, 산업 내부로 눈을 돌리기 시작하므로 경쟁이 격화된다.
- 팔려고 하는 곳에는 사는 데 익숙해진 고객이 증가한다.
  - 구매자의 제품 지식이 늘어나서 구매자의 요구가 바뀐다.
  - 그것을 감지하고 전략을 크게 바꿀 필요가 생긴다.
- 경쟁의 중점이 비용과 서비스로 옮겨진다.
  - 기술에 의한 경쟁 우위성은 서서히 작아진다.
  - 경쟁의 관건은 비용과 서비스의 질이 된다.

- 설비능력과 인원의 과잉이 되지 않도록 늘리는 것이 어려워진다.
  - 성장의 둔화와 함께, 설비능력과 인원 증대 속도를 떨어뜨릴 필요가 있다.
  - 그러나 많은 기업은 성장을 꿈꾸고 무리한 투자를 계속한다
- 제조, 마케팅, 유통, 판매, 연구 등 모든 것에 있어서 수행방식이 바뀐다.
- 신제품이나 새로운 용도가 나타나기 어렵게 된다.
- 국제적인 경쟁이 격화된다.
  - 제품의 규격화가 진행되어 글로벌 경쟁이 큰 위치를 점하게 된다.
- 이행기에는 산업의 이익은 줄어들지만 이것이 일시적인 경우와 영속적인 경우가 있다.
  - 성장은 둔화되고 구매자는 더욱 현명해져서 산업의 성장보다 점유율이 중시되기 때문에 산업의 이익은 줄어든다.
  - 이익이 줄면, 현금유입이 줄어 여러 가지 혼란이 생긴다.
  - 이 혼란을 통제한 경우에만 이익의 회복을 기대할 수 있다.
- 유통기업의 마진은 줄어들지만 힘은 강해진다.
  - 산업의 이익이 줄어듦과 동시에 유통업체의 마진도 작아진다.
  - 그래서 할 수 없이 철수하는 업체도 나타나고, 결과적으로 산업 내의 유통업체 수는 감소한다.
  - 따라서 유통업자의 교섭력은 강해진다.

| 이행기의 전략

산업이 생긴 지 얼마 안 되고 성장하고 있던 시기에는 여러 가지 전략을 시험해 볼 수 있었다. 게다가 전략을 시험해 보더라도 기업의 크기로 인해 리스크도 그다지 없고, 경쟁기업의 협력을 얻을 수 있었다. 그런 의미에서 전략을 즐길 수 있었다.

하지만 성숙기로 이행하기 시작하면 그렇게 되지는 않는다. 포터 교수의 가르침에 따르면 이 시기에 도달한 기업은 '원가 우위', '차별화', '집중' 중에서 무엇인가를 확실하게 선택하여 추구하지 않으면 안 된다. 그렇다면 이 시기가 되면 전략은 어떻게 될까? 포터 교수는 다음과 같은 전략안을 제안하고 있다.

(1) 정밀도 높은 원가 분석

■ 제품 구성의 합리화

- 성장기에는 잇따라 좋은 제품이나 옵션을 가지고 성장할 수 있다.
- 성숙기에는 채산이 맞지 않는 제품을 배제하고, 이익률이 높은 제품구성에 집중해야 한다.

■ 올바른 가격 정책

- 성숙기가 되면 가격 설정방법을 바꿀 필요가 있다.
- 성장기에는 동종 제품에는 동일 가격을 설정하면 되었다. 어떤 개별 상품이 얼마나 팔렸는가 등은 신경을 쓰지 않아도 팔렸기 때문이다.

- 성숙기에는 경쟁이 늘어나 그렇게 할 수 없다.
- 가격 정책에서는 애매한 것을 배제하고, 합리적인 가격 설정을 할 필요가 있다.

■ 이상을 통해서 일반적으로 말할 수 있는 것은 성숙기 동안 살아남기 위해서는 '사업의식(무엇을 하고 싶은가, 어떤 기술을 개발하고 싶은가)'이 아니라, '이익의식(어떻게 이익을 낼 것인가, 손해는 피해야 한다)'이라는 사고방식으로 바뀌지 않으면 안 된다.

(2) 제조공정의 혁신과 제조에 적합한 제품 설계

■ 제조와 관리비용이 줄도록 제품의 설계를 재검토하고, 배송 시스템을 계획하여 이익을 내는 것이 중요하다.

■ 또한 제조공정에 있어서도 같은 효과를 얻을 수 있는지를 생각할 필요가 있다.

(3) 고객의 구매 폭을 넓히는 것

■ 성장기에는 새로운 고객의 창출에 필사적이었다.

■ 성숙기에는 비용을 줄이는 목적을 위해, 현재의 고객에게 매출을 올리는 방법을 생각하는 것이 바람직하다. 그 방법은 다음과 같다.
- 주변의 설비나 서비스를 제공한다.
- 고급품을 취급한다.
- 취급 제품의 폭을 넓힌다 등.

■ 신규 고객의 창출은 상당한 비용이 든다.

(4) 저렴한 자산을 사는 것

- 성숙기로 이행하지 못한 기업을 매수하여 자산을 저렴하게 손에 넣는다.
- 기술만 변하지 않는다면 기업의 매수는 경쟁력을 높이는데 도움이 된다.

(5) 고객을 선택하는 방법

- 성숙기가 되면, 고객에게 지혜가 생겨서 현명해진다는 것은 설명하였다. 따라서 고객의 교섭력은 강해진다.
- 제3장에서 서술한 구매자의 전략을 충분히 이해하여, 자사에 고수익을 가져다 줄 것 같은 고객을 선정하는 것이 유효한 전략이 된다.

(6) 복수의 비용 곡선

- 대량생산을 하면 규모의 경제에 의해 상품의 단위 비용은 내려간다.

  - 그러나 생산한 제품을 모두 팔지 못하는 리스크도 있다.
- 소량 단위로 개량하여 생산을 하면, 만들면 만들수록 단위 비용은 올라간다.

  - 그러나 제품을 팔지 못하는 리스크는 없다.
- 이처럼 비용 전략은 한 가지가 아니라 여러 가지 비용 곡선이 존재하고, 그것에 대응한 전략을 생각할 수 있다.
- 이러한 것은 성장기에는 생각할 필요조차 없었다. 자사가 취할

수 있는 전략 선택의 여지가 없었기 때문이다.

(7) 국제 시장에서의 경쟁

- 위와 같은 성숙기를 피하고 싶지만 새로운 사업을 일으킬 기력도 없다. 이럴 때 최종 수단으로서는 국제 시장에 도전하는 방법이 있다.
- 국내 시장에서는 진부화된 상품이더라도 국제 시장에서는 첨단 산업이 될 가능성도 있다. 게다가 국제 시장에 교섭력은 없다. 왜냐하면 구매자의 지식이 적고 경쟁업자도 적기 때문이다.
- 그러나 국제 시장에 참여할 때에는 환율 리스크나 운송비용의 리스크 등이 동반되어, 최종적으로는 그 시장도 성숙기가 되어 버리는 경우가 있다는 것을 확인해야 한다.

(8) 과연 이행기에 도전해야 하는가

- 이상에서 알 수 있듯이 성숙기로 이행할 때는 상당한 비용과 리스크를 동반한다.
- 그 변화에 지지 않기 위해서 지금까지 가져 본 적이 없던 양과 질의 경영 자원, 경영 기능이 필요하게 된다.
- 그래도 이행기에 도전해야 할 것인가? 다음과 같은 정보를 근거로 판단하면 좋다.
  - 그 산업에 머물러서 사업을 계속하는 기업은 몇 개 사가 있는가?
  - 성숙기에 순응해 가는 과정에서 일어나는 혼란은 어느 정도

계속되는가?

- 산업의 수익성은 미래에 어떻게 되는가?

- 회사에 있어서 미래가 없는 투자를 계속하는 것이라면, 그 산업에서 철수하는 것도 고려해야 한다.

이와 같이 이행기의 전략도 몇 가지가 있다는 것을 알았다. 더욱이 시기가 진행된 것만으로도 '첨단 산업의 경쟁전략'과 비슷하면서도 다른 것임을 인식해야 한다. 마지막으로 성숙기로의 이행기에 있어서 전략의 함정에 대해 설명하겠다.

이행기 전략의 함정

- 자사와 산업에 대해서 선입관으로 판단한다.
  - 지금까지의 산업과는 전혀 다른데도 성장기의 전제와 상식에 머물러 있다. 그래서 실정과 동떨어진 판단을 내려 버린다.
- 궁지에 몰린다.
  - 성장기의 여유가 줄어들기 때문에 기업은 궁지에 몰리기 쉽다.
- 성숙기에 점유율을 확대하기 위한 투자는 완전히 헛돈이다.
  - 성숙기의 산업은 마진과 수익성의 압박으로 인해 투자를 정당화할 수 있는 현금흐름 창출을 장담할 수 없다.
- 눈앞의 이익을 추구한 나머지 점유율을 안이하게 포기한다.
- 가격경쟁을 싫어해서 감정적으로 반발한다.
- 업계 관행이 변화하는 것을 싫어해서 감정적으로 반발한다.

- 창조적이고 새로운 제품에 힘을 너무 많이 쏟아서, 종래부터 있던 제품의 개선이나 판매 강화를 게을리한다.
- 경쟁 기업의 가격 공세나 마케팅 활동에 대항하지 않는 변명으로 '고품질'을 표방한다.
  - 품질은 기업의 결정적인 강점이 될 수 있지만, 그것에 계속 의존하면 특히 성숙기에는 품질보다 가격이라는 취향이 강해 위험하다.
- 과잉 생산설비의 압력
  - 경쟁력 유지를 위해 할 수 없이 생산능력을 증가시키는 업계도 있다. 이 경우 전략의 집중도가 떨어져서 애매한 중간위치에 빠지거나, '밑빠진 독에 물 붓기'식 투자가 될 수도 있다. 따라서 과잉생산설비는 일반적으로 보유하기보다 매각하는 게 바람직하다.

5 쇠퇴 산업의 경쟁전략

쇠퇴 산업

지금까지는 한창 성장하는 산업, '첨단 산업', '성숙기로 이행기에 있는 산업'에 대해서 언급하였다. 이번에는 완전히 반대다. 장기간에 걸쳐서 판매 수량 그 자체가 계속 감소하고 있는 산업, '쇠퇴 산업'의 경쟁전략에 대해서 생각해 보자.

쇠퇴 산업의 포인트는 매출의 감소가 단기적이 아니라 장기간에 걸쳐서 계속 진행되고 있다는 것이다. 쇠퇴기의 최적 전략으로 효과적인 것은 '수확' 전략이다. 즉, 씨를 뿌리는 것을 중지하고 밭에 있는 것을 베어 내어 수확할 만큼 수확하고 철수하는 것이다. 새로운 투자를 중지하고, 현재의 사업으로부터 가능한 한 많은 현금수입을 획득하고, 바로 철수하는 것이다.

포터 교수가 보여 주는 쇠퇴 산업의 경쟁전략의 흐름은 다음과 같다. 처음에는 쇠퇴 단계에서의 경쟁의 성격과, 살아남은 기업에게 그 산업이 얼마나 매력적인지를 좌우하는 구조 요인에 관해서 서술한다. 그리고 쇠퇴 단계의 기업이 취할 수 있는 대표적인 전략을 설명하고, 마지막에 전략을 선택할 때의 원칙과 주의사항을 설명한다.

수확 전략

1. 더 이상 투자하지 않는다

2. 현재의 사업으로부터 가능한 한 많은 현금수입을 획득한다

3. 그 후 철수

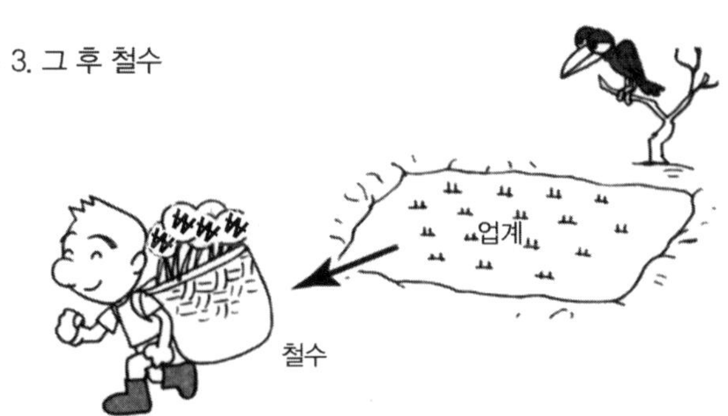

쇠퇴기의 경쟁을 좌우하는 구조요인

산업이 쇠퇴하고 있을 때에는 산업 구조와 관련된 몇 가지 구조요인이 큰 역할을 해서 경쟁의 성격이 결정된다고 포터 교수는 말한다. 쇠퇴 단계의 산업이 산업 전체적으로 수익이 감소하고 있기 때문에 그 적은 파이를 서로 가지려고 산업의 경쟁이 서서히 격화된다. 쇠퇴 단계의 산업 경쟁을 결정하는 구조요인을 다음과 같이 나열해 보자.

(1) 수요의 상태

- 불확실성(경쟁업체가 가지고 있는 불확실성은 어느 정도인가?)
  - 수요가 계속 감소하는 산업에서, 경쟁업체는 그 불확실성을 어느 정도라고 보고 있는가?
    - 수요의 쇠퇴는 언젠가 멈출 것이라고 확신하고 있으면 현재 지위를 유지하여 산업에 머무르려고 한다.
    - 지금의 시장에 집중하고 있으면 격심한 경쟁이 생긴다.
  - 철수 장벽이 높을수록 장래의 예측은 낙관적이 된다.
- 쇠퇴의 빠르기와 패턴
  - 쇠퇴의 진행 정도가 늦으면 늦을수록, 자사의 상황을 분석해도 단기적인 요인의 그늘에 감추어져서 쇠퇴의 측면은 보이지 않는다.
  - 반대로 쇠퇴의 진행 정도가 빠르면 낙관적인 전망이 없어져서, 공장을 통째로 매각하거나, 한 개의 사업부를 통째로 팔거나 하여 산업의 생산능력은 격감한다.

- 쇠퇴가 확실하게 일어난다면 올바른 판단이라고 할 수 있지만, 일시적인 쇠퇴의 경우라면 큰 선택의 실수가 된다.
  - 쇠퇴가 진행됨에 따라, 그 빠르기는 가속화된다.

■ 잔존 수요의 구조

- 남은 경쟁업체가 이익을 올릴 수 있을지는 잔존하는 수요의 구조적 특성에 달려있다.
- 업계의 구조 분석을 함으로써 잔존하는 수요의 성질을 명확히 알 수 있다.
- 남은 수요 영역에서의 구매자가 가격에 민감하지 않거나, 교섭력이 없는 경우에는 살아남은 기업이 종국에는 이익을 얻을 수 있다.
- 남은 수요 영역이 대체품이나 강력한 공급 기업에 대해서 어느 정도 대항할 수 있는지에 따라 수익여부가 결정된다.
- 이동 장벽이 있으면, 남은 수요 영역을 상대로 하고 있는 기업에 대항할 수 있다.

■ 쇠퇴의 원인

- 쇠퇴의 원인을 근거로 장래의 수요를 대략적으로 전망한다.
  - 기술의 진보로 생기는 대체품
  - 인구의 변화
  - 수요의 변화

(2) **철수 장벽**(철수 장벽은 다음과 같은 요소가 크게 영향을 주고 있다)

■ 전용이 불가능한 내구 자산

- 고정자산이나 유동자산이 현재의 사업 이외에는 전혀 전용할 수 없는 경우, 철수 장벽이 된다.
- 쇠퇴 산업에서는 재고 자산도 거의 가치가 없다.
- 철수할 때, 자산을 다른 곳에 이용할 수 있는 수요가 있는지 여부가 철수 장벽의 크기를 가늠하는 기준이 된다.

■ 철수의 고정비용

- 철수에 거액의 고정비가 드는 경우, 그것이 철수 장벽이 된다.
    - 노동 문제의 해결에 드는 큰 금액의 지출
    - 경영자나 종업원의 재배치에 드는 지출
    - 철수의 정보를 알고, 종업원의 의욕이 상실되어 생산능력이 떨어지는 것 등

■ 전략에서 생기는 철수 장벽

- 다른 사업과의 관련성
    - 사업 단위에서 볼 경우 철수 장벽은 없어도, 회사 전체로 보면 사업의 철수가 관련된 사업의 장애가 되는 경우, 철수 장벽이 된다.
- 금융시장에 미치는 영향
    - 철수하면 자본 시장에서 기업의 신용을 잃게 되어, 흡수합병의 후보가 되는 상대를 끌어당기는 힘이 약해지거나 자본 비용이 비싸지거나 한다.
- 사내의 다른 사업과 수직 통합을 이루고 있는 경우, 사내의 사업에 미치는 영향

■ 정보의 장벽

- 사내 거래를 하고 있는 경우나 간접비를 공유하고 있는 경우, 한 쪽의 업적이 저조하더라도 다른 쪽의 업적이 좋으면, 호경기의 정보가 문제사업의 철수검토를 덮어 숨긴다.

■ 경영자의 감정 장벽

- 다음과 같은 것을 경영자가 두려워하기 때문에 철수 장벽이 된다.
  - 자존심에 상처를 입는다.
  - 오랫동안 품어 왔던 사업에 애착을 피해야 한다.
  - 사업의 실패로 자신의 브랜드 가치가 떨어지고 전직의 기회가 줄어든다.
- 철수의 경험이 있는 경영자일수록 올바른 판단이 가능하게 된다.

■ 정부와 사회의 장벽

- 정부나 지방자치단체가 실업자의 증가와 지역에 주는 영향을 두려워하여, 철수를 금지하는 경우가 있다. 이 경우에는 철수 장벽이 생긴다.

■ 이러한 철수 장벽으로 인해 이미 산업에 머무를 능력이 없는 기업이 산업에 머무르게 되어 경쟁을 계속하므로 경쟁이 심하게 된다.

(3) 자산 처분의 매커니즘

■ 철수 기업의 자산이 어떻게 처분되는가? 자산의 처분방식으로 쇠퇴 산업의 향후가 결정된다.

- 자산이 같은 산업 내에 머무르는 경우에는 그 자산의 운영이 잘 안되어 결과적으로 산업 전체의 수익을 크게 손상시키게 된다.

(4) 극심한 기업간 경쟁

- 쇠퇴시의 매출감소에 의해 경쟁이 더욱 격화된다. 포터 교수는 다음과 같은 경우에 경쟁이 격화된다는 것을 지적하고 있다.
  - 제품이 특징이 없는 범용품으로 간주되고 있다.
  - 고정비가 크다.
  - 철수 장벽이 높아서 많은 기업이 산업에서 손을 떼지 못한다.
  - 산업 내의 지위를 유지하는 것이 전략상 매우 중요하다고 생각하는 기업이 많다.
  - 남은 기업의 힘이 거의 비슷하다.
  - 모두 자사의 경쟁력에 불안을 느끼고, 지위를 강화하려고 쓸데없는 노력을 하는 경우가 많다.
- 쇠퇴기의 경쟁에 공급 업체나 유통 업체가 참여하게 되면 그들의 힘이 강해져서 경쟁은 보다 격화된다.
- 자본력이 있는 기업이 무리하게 산업에 남으려고 고집하는 경우에, 그 기업은 자포자기 전략을 취하여 산업 전체가 위태롭게 될 우려가 있다.

이상과 같은 많은 구조 요인이 쇠퇴 산업의 경쟁력을 결정한다. 그러면 다음에는 쇠퇴 산업에 있어서의 전략안을 살펴보기로 하자. 과연 쇠퇴하는 산업 내에 유효한 전략 같은 것이 있을까? 있다고 해도 그것은 '수확 전략'에 지나지 않는 것은 아닐까? 그러면 지금부터 알아보기로 하자.

쇠퇴기의 전략

쇠퇴기의 전략으로는 '수확 전략'이 효과적이라는 것은 앞에서 설명했다. 정말 이것뿐일까? 선택할 수 있는 전략의 여지는 좀 더 폭 넓게 있다. 포터 교수는 다음의 네 가지 전략안을 제시하고 있다.

(1) 리더십 전략
(2) 거점(Niche) 확보 전략
(3) 수확 전략
(4) 즉시 철수 전략

그러면 차례로 살펴보자.

(1) 리더십 전략

- 살아남은 기업을 제압하여 리더십을 가질 수 있는 경우에는 자사를 유일하게 살아남은, 혹은 소수가 살아남은 기업의 하나로 만드는 전략을 말한다.
- 지위를 획득한 후에는 지위를 유지할지 신중한 수확 전략에

들어갈지를 생각하면 된다.

■ 리더십 전략의 실시에 도움이 되는 전술적인 수단으로서 포터 교수는 다음의 것들을 들고 있다.

- 가격 정책, 마케팅 등의 분야에서 적극적인 경쟁 활동을 전개함으로써 점유율을 높이고 타사를 설비폐기로 몰아넣는다
- 타사보다도 좋은 가격으로 경쟁기업을 매수하거나, 제조 부문만을 매수하여 점유율을 확대하고 타사의 철수 장벽을 낮춘다.
- 경쟁 상대의 설비를 매수하여 폐기한다. 이것은 경쟁 기업의 철수 장벽을 낮춘다.
- 다른 수단에 의해 다른 기업의 철수 장벽을 낮춘다.
- 당사는 이 산업과 함께 살아간다는 강한 의사표시를 한다.
- 경쟁 속에서 압도적으로 강한 면모를 보여주고 경쟁 상대의 의욕을 상실시킨다.
- 장래의 쇠퇴에 대해서 갈피를 못 잡는 일을 없앨 수 있는 신뢰할 수 있는 정보를 모아서 공표한다.
- 경쟁 기업이 신제품이나 설비 개선에 바로 추가투자가 필요한 것처럼 만들어서, 그 정도로 투자하면서까지 사업을 계속해야만 하는가를 생각하게 한다.

(2) 거점(Niche) 확보 전략

■ 쇠퇴 산업의 세분시장 안에서 언제나 수요가 안정되어 있고, 쇠퇴가 완만하면서 높은 이익률을 예상할 수 있는 세분시장을

식별한다.

- 그 세분시장에 집중하고 지위를 구축한다.
- 이 틈새시장도 바로 사라질 것이 보이기 때문에 리더십 전략과 병용하는 것이 바람직하다.
- 틈새시장이 완전히 쇠퇴해 버린 다음에는 수확전략을 쓴다.

(3) 수확 전략

- 사업에서 회수할 자금을 최대화 하는 전략을 말한다.
- 그러기 위해서라도 신규 사업을 중지하고, 설비 보전의 수고를 줄이고, 남은 힘을 전부 가격의 인하에 쏟아, 매출을 계속하는 것이다.
- 구체적인 전술로서 포터 교수는 다음과 같은 것을 들고 있다
  - 제품의 종류를 줄인다.
  - 유통 업체의 수를 줄인다.
  - 소량의 거래 고객과 거래를 그만둔다.
  - 배달 시간(재고 삭감), 수리 시간, 판매 원조의 서비스 질을 낮춘다.
- 그리고 마지막으로 사업을 매각하거나 청산을 하면 된다.

[고려사항]

- 모든 사업에서 수확 전략이 가능한 것은 아니다.
- 수확 전략을 실행하는 데는 조건이 필요하다. 그 사업의 강점을 구비하고 있지 않으면 성립되지 않는다. 더구나 쇠퇴 과정에

들어가더라도 치열한 경쟁에까지 돌입하지 않은 업계여야 한다. 만일 사업에 강점이 없으면 품질을 떨어뜨리거나 광고 선전의 중지 등의 계획을 세웠을 때, 매출의 저하를 초래하여 타격을 입을 것이다. 수확 전략을 시작하기 전에 어느 정도의 사업력이 있는 경우에 한한다.

(4) 즉시 철수 전략

- 사업을 가능한 한 조기에 매각하고 가능한 한 비싸게 파는 것이 목적이다 포터 교수는 일반적으로 사업을 빨리 매각하면 그 사업의 가치가 높게 평가된다고 지적한다. 그 이유는 매각이 빠르면 수요가 정말로 쇠퇴할 것인가가 명확하지 않다는 것과, 외국 등 그 자산에 적합한 다른 시장이 아직 포화되고 있지 않다는 것을 들 수 있다.
- 상황에 따라서는 성숙기의 좋은 기회의 단계에서 매각하는 것이 좋은 경우가 있다.
- 즉시 철수 전략을 취하면, 기업 이미지나 사내 공정 간의 의존관계 등의 철수 장벽에 직면한다.

이상이 쇠퇴기의 기업이 취할 수 있는 전략이다. 그러면 어떻게 전략을 선택하면 좋을까? 이것에 대해서 다음 장에서 설명한다.

❙ 쇠퇴기 전략의 선택

그러면 어떤 타이밍에서 전략을 선택하면 좋을까? 그 기준으로 포터 교수는 다음과 같은 다섯 가지 포인트를 들고 있다.

(1) 산업 구조 분석의 5가지 요인을 볼 때, 우호적인(이익을 얻을 수 있는) 쇠퇴기로 전환될 수 있는 산업 구조인가?
(2) 유력한 경쟁업체는 어디인가? 각각 어떤 철수 문제에 직면하고 있는가?
(3) 향후에도 업계에 남아 있는 수요를 노릴 때, 산업에 계속 머물러 있는 각 사의 장점은 무엇인가?
(4) 자사의 철수 장벽은 무엇인가?
(5) 향후 잔존 수요 영역과 대비해서 자사의 강점은 무엇인가?

핵심은 다음 두 가지로서 '잔존 수요 영역에 대한 경쟁기업과의 역학 관계'와 '쇠퇴기의 산업 구조'이다. 포터 교수는 『경쟁전략』에서, 이 두 항목을 사용해서 전략 선택을 할 때에 도움이 되는 프레임 워크를 제시하고 있으므로 참고하면 좋을 것이다.

또한 타이밍으로서는 쇠퇴 전략을 빨리 전개하는 것도 유리하다. 빠른 시기에 리더십 전략을 취하면, 그것이 신호가 되어 경쟁자를 철수시키는 경우도 있기 때문이다. 어느 산업이라도 쇠퇴기에 접어들게 되므로 항상 쇠퇴기 부근에서 준비해 두는 것도 하나의 전략이라고 할 수 있다.

쇠퇴기의 산업에 있어서 전략의 포인트를 정리해 보자. 쇠퇴 전략의 핵심은 다음과 같다. 그것은 '적극적인 전략을 취하는 경우, 상대를 어떻게 철수시킬 것인가?'라는 점에 목표를 집중할 필요가 있다는 것이다. 경쟁 업체의 철수가 없는 한, 적극적인 쇠퇴 전략은 있을 수 없는 것이다. 여기에 포인트가 집약되어 있다고 해도 좋을 것이다.

지금까지는 '첨단⇒성숙⇒쇠퇴'라는 일련의 흐름에서 산업을 보았지만, 다음에는 완전히 바꾸어서 글로벌 산업에 있어서의 전략에 대해 공부하자. 현재는 글로벌화가 상당 부분 진행되고 있어서 글로벌화에 고민하고 있는 기업도 많을 것이다.

6 글로벌 산업의 경쟁전략

글로벌 산업이란?

'글로벌 산업이란 무엇인가?'라는 말이 나왔을 때 가장 알기 쉬운 설명이 아마 다국적 기업이라는 단어와의 차이를 설명하는 일일 것이다. 경쟁업체에 다국적 기업이 있으니까 글로벌 산업이라고 생각하는 분들도 있다. 그러나 다국적 기업이 경쟁업체에 있다고 해서 반드시 글로벌 산업이라고 단정할 수는 없다.

이 개념은 이번 장에서 아주 근본적인 것이므로 간단히 설명해 보기로 하자. 우선, 당신의 기업은 국내(본사) 만이 아니라 프랑스에도, 독일에도 진출해 있다. 동시에 국내에 본사가 있고 프랑스와 독일에 지사가 있어, 각 나라가 자주적으로 운영하는 A사가 있다고 하자. 그러나 당신의 기업과 A사는 근본적으로 차이가 있다. A사는 독일이나 프랑스에 지사가 있다고 했지만, 외국 지사의 경영은 각 나라에 맡겨져 있다. 단지 때때로 지사를 초월한 교류가 있고, 외국어 문헌의 번역이나 리서치의 의뢰 등으로 지사간의 연결은 있다.

한편 당신의 기업은 1년에 최소한 2번은 각 지사의 대표가 본사에

모인다. 그리고 그 기간의 경영전략을 정한다. 당신의 기업은 국제 시장을 목표로 하고 있기 때문에 전략 및 제조 판매에 대해서는 전 세계적으로 조정해야 한다. 이러한 경우, 당신의 기업은 '글로벌 산업에 속하면서 다국적 기업'이다. 그러나 A사는 '다국적 기업이지만 글로벌 산업은 아니다.' 라고 할 수 있다. 즉 포인트는 전 세계의 상황을 고려한 전략을 수립할 필요가 있는가 아닌가라는 것이다. 당신의 기업이 전 세계 시장을 목표로 하는 전략을 생각하는데 반하여, A사는 각 지사가 자국의 전략을 생각하면 되는 것이다.

그런데 글로벌 전략을 생각하는데 있어서 국내 산업만을 상대로 하는 것과 국외 경쟁도 고려해야 하는 것은 큰 차이가 있다. 포터 교수는 다음의 4가지 차이를 지적하고 있다.

(1) 나라마다 생산 요소의 비용이 다르다
(2) 외국 시장에서는 환경이 다르다
(3) 외국 정부가 수행하는 역할이 다르다
(4) 외국의 경쟁기업은 목표도 경영자원도 다르기 때문에 움직임을 감시하는 것이 어렵다

그러나 이것만큼은 잊으면 안 된다. 산업에서 작용하는 구조 요인이나 시장 요인은 국내 산업의 그것과 동일하다. 이것이 큰 포인트로 앞에서 서술한 분석을 사용할 수 있는 것이다. 이를 근거로 우선은 글로벌 경쟁의 원인과 장애에 대해서 생각해 보기로 하자.

글로벌 경쟁의 원인과 장애

국내 기업이 글로벌화를 목표로 하는 이유는 무엇인가 이득이 있기 때문일 것이다. 확실히 글로벌 경쟁에 뛰어드는 것이 유리한 점이 있을 것이다. 하지만 반드시 유리한 점만 있는 것은 아닐 뿐더러, 글로벌 경쟁에 참여하는데 장애가 되는 것도 많이 존재한다. '왜 당신이 속한 산업이 글로벌화 되지 않는가?' 또는 '글로벌화의 장애요인을 압도할 만한 글로벌 경쟁우위의 원천은 무엇인지'에 관해서 이해하게 될 것이다. 포터 교수는 글로벌 경쟁의 원인과 장애를 다음과 같이 서술하고 있다.

(1) 글로벌 경쟁우위의 원천

다음과 같은 경우에 글로벌화가 유리하게 된다.

- 비교 우위성
  - 국제적인 비교 우위성이 있는 것
    - 예를 들면, 생산 원료의 질이나 가격이 다르거나, 인건비가 저렴한 것
- 생산에 있어서 규모의 경제
  - 생산에 있어서 국내 공장에서는 생각할 수 없을 정도의 생산 규모 확대가 가능할 때에는 규모의 경제가 작용하여 유리하게 된다.
- 글로벌 경험곡선
  - 생산을 많이 함으로써 비용이 현저하게 낮아진다.

- 국내시장에서 경험곡선이 포화되어 있어도, 글로벌 경쟁에서 학습곡선을 가속화 할 수 있다.
- 사내의 기술 개선을 국외에 가져감으로써 많은 생산을 시험해 볼 수 있고, 생산의 집중을 하지 않고 개별적으로 국내 생산을 하더라도 글로벌 경쟁에서는 경험을 쌓는 것과 같은 효과를 얻는다.

■ 물류에 있어서 규모의 경제

■ 마케팅에 있어서 규모의 경제

- 하나의 판매부문이 전 세계를 두루 돌아다니며 활동을 전개해야 하는 경우에는 뚜렷한 규모의 경제를 얻을 수 있다.

■ 구매에 있어서 규모의 경제

■ 제품 차별화

- 글로벌 경쟁을 하고 있다는 것만으로 평판이 좋아지고 신용도 높아져 국내에서 차별화되는 경우가 있다.

■ 독자적인 제품 기술

- 글로벌 경쟁에 의해 각국 독자적인 기술을 파악해 응용할 수 있다.

■ 생산의 이동

- 우수한 생산능력을 전 세계에 이동시켜 각국에서 프로젝트에 종사시킴으로써 효율적으로 규모의 경제를 얻을 수 있다.

(2) 글로벌 경쟁의 장애요인

[경제적 장애요인]

- 운송비용과 재고 비용
  - 획기적인 방법으로 비용 삭감을 꾀하더라도, 운송비용과 재고 비용으로 효과가 없어져서는 의미가 없다.
  - 이와 같은 경우에는 경쟁을 나라마다 할 수밖에 없다.
- 나라마다 다른 제품 니즈
  - 제품은 같더라도 세부 종류, 성능, 품질 등이 다른 경우에는 매우 큰 장애가 된다. 각기 생산을 달리 해야 하므로 글로벌화의 이득이 상쇄된다.
- 참여를 허락하지 않는 유통 채널
  - 제품을 팔기 위해서 외국의 유통 채널에 들어가지만, 사전에 외국 기업에 대해 단단히 막혀 있는 유통 채널이 많다.
  - 좋은 채널은 사용하지 못하는 경우가 많다.
- 판매 인력
  - 현지 제조사가 자사의 판매 인력을 써야 하는 경우라면 규모의 경제가 작용하지 않고 글로벌화 하는 이득이 없다.
  - 오히려 그들의 교육비용이 들어가서 마이너스가 된다.
- 현지에서의 A/S 부문
  - 현지 제조사에 필적하는 A/S 체제를 확립해야 하는 경우는 곤란하다.
- 리드 타임(Lead time)에 대한 민감도
  - 유행 주기가 짧거나 기술의 진보가 늦어서 리드 타임이 본국

과 다른 경우에는 글로벌화를 방해한다.

- 지역 시장 내의 복잡한 세분화
  - 나라마다 요구하는 것이 달라 세분화를 할 필요가 있으면, 마케팅에서 규모의 경제가 발휘되지 않는다.
- 수요가 전 세계에 퍼지지 않는다.
  - 상당한 수의 주요국에 수요가 퍼져 있는 것이 글로벌 경쟁을 시작하는 조건이다.
  - 각국에서 아주 작은 수요만 충족시킨다면 전혀 의미가 없다.

[경영관리상의 장애요인]

- 나라에 따라 마케팅 활동이 다르다.
  - 같은 제품이 세계에서 판매되더라도 나라 별로 마케팅 활동이 달라진다.
  - 유통 채널의 성격, 마케팅 매체, 저비용으로 구매자에게 팔려고 하는 방법 등은 나라에 따라 달라진다.
- 국가 정서에 맞춘 서비스
  - 국가 정서라는 것이 마케팅 활동에 가미된 경우에는 외국 기업에는 엄격한 조건이 된다.
  - 분권화도 가능하지만, 조직이 너무 복잡해져서 잘 되는 사례는 드물다.
- 변화가 심한 기술
  - 기술 변화가 매우 빨라서 나라에 맞추어서 제품이나 공정을 바꾸어야 하는 경우에는 글로벌 경쟁이 어렵게 된다.

[제도상의 장애요인]

■ 정부에 의한 장애

- 국내 기업 보호나 고용 보험 등 강조되는 여러 가지 장애가 정부에 의해 만들어진다. 다음의 예는 그 일부이다.
  - 관세
  - 수입량의 할당
  - 정부나 정부기관에 의한 현지 기업 우선 조달
  - '연구개발은 현지에서', 또는 '제품에는 국산부품을' 등과 같은 정부의 요청
  - 자국 기업의 해외 진출을 불리하게 하는 뇌물 공여에 관한 법률, 세법 기타 모국 정부의 제 정책

■ 인식 부족이나 경영자원의 부족에서 오는 장애

- 국가 정서에 맞춘다는 이야기와 비슷하지만 전략이라는 의미에서 국가에 있어 좋은 기회, 혁신의 시기 등이 있다.
- 하지만 그것들은 명확히 알려주는 것이 아니라 알아차리는 것이다.
- 그런 경우에는 정보나 조사에 드는 비용만도 상당하다.
- 이러한 장애는 글로벌 경쟁을 약화시킨다.

이상과 같은 시각을 가지고 글로벌 산업의 경쟁 우위와 장애요인을 분석하고 산업 구조를 보자. 다음에서는 이것을 근거로 어떤 환경요인 하에서 글로벌 산업이 발전하는가를 살펴보기로 하자.

❙ 글로벌 기업이 나타나는 환경

그러면 이런 글로벌 기업이 어떤 환경 요인 하에서 생겨나게 되는가? 포터 교수는 다음과 같은 것을 들고 있다.

(1) 규모의 경제가 커진다

(2) 운송비용이나 재고 비용이 내려간다

(3) 유통 채널이 변화하고 합리화 된다

(4) 생산요소 비용이 바뀐다

노동, 에너지, 원료 등의 국내 비용 상승으로 글로벌화가 매우 유리하게 된다.

(5) 경제·사회의 환경 차가 줄어든다

수요가 달라서 어려웠던 나라도, 수요가 비슷해져 마케팅상의 규모의 경제가 발휘된다.

(6) 정부 규제가 완화된다

- 관세의 인하
- 수입량 할당의 폐지
- 기술 규격의 국제 원조 등

(7) 전략 혁신

전략에 혁신적인 변화가 일어나면 글로벌화를 자극한다.

이러한 상황에서 국내만을 목표로 하고 있던 기업은 글로벌화를 해보려고 생각하는 것이다. 가령, 당신의 기업이 현재 국내만을 상대하고 있는 회사로, 앞에 서술한 글로벌화가 나타나는 환경 요인에 적합하다고 하자. 그렇다면 전략의 관점을 국외로 향해 보는 것도 나쁘지 않을 것이다.

다음은 글로벌 경쟁은 국내 경쟁과 어떤 점이 다른지에 대해서 살펴보자.

글로벌 경쟁과 국내 경쟁의 차이

그러면 글로벌 경쟁과 국내 경쟁은 어떻게 다를까? 이 부분을 파악하게 된다면, 앞에서 서술한 경쟁 분석의 이론을 응용해서 글로벌 산업의 경쟁전략을 입안할 수 있다. 국내 경쟁에 추가해서 고려해야 하는 포인트가 몇 가지 있다. 국내 경쟁과 글로벌 경쟁 중에서 어느 쪽이 어려운가 하는 이야기가 아니라, 일반적으로 관점이 달라진다는 것이 포터 교수가 시사하는 바이다.

이처럼 글로벌 경쟁의 전략과 국내 경쟁의 전략은 난이도에서 차이가 생긴다. 그러면 이 점을 고려한 상태에서 전략의 수립에 대해서 살펴보자. 포터 교수는 글로벌 경쟁과 국내 경쟁의 차이로 다음과 같은 점을 지적하고 있다.

(1) 정부의 산업 정책과 기업의 경쟁 행동

- 많은 외국 경쟁 기업을 보는 경우, 기업과 그 기업의 정부를 보아야 한다. 양자의 관계는 복잡해서 여러 가지 형태로 연결되

어 있다.

- 이 관점은 국내 경쟁에서는 없었던 것으로, 경쟁의 이론과는 별개로 자주 국가의 정치적인 이유 등으로 뒷받침되는 행동을 하는 경우도 있다.

(2) 주된 진출 시장의 정부와의 관계

■ 주요 시장의 정부와의 관계를 조사해야 한다.

■ 정부가 연결되어 있는 경우에는 체크를 요하며, 어떤 형태로 연결되어 있는지를 반드시 파악해야 한다.

(3) 기업 전체로서의 경쟁

■ 세계 전체를 전망하고, 기업 전체에서 시장 지위, 제조, 투자 등을 조달해야 한다.

(4) 경쟁업체 분석이 어렵다

■ 경쟁의 분석 방법 자체는 바뀌지 않지만, 방대한 외국 기업의 전체적으로 보아야 한다.

■ 정보를 입수하기 어렵고, 모아야 하는 정보의 양이 너무 많아서 경쟁기업의 분석이 쉽지 않다.

| 글로벌 전략의 수립

아래에 글로벌 전략을 제시한다. 그러나 이것은 글로벌 경쟁에 장점을 느끼고 글로벌 경쟁에 참여하는 경우이다. 당연히 그 전 단계로서 '글로벌 경쟁에 참여할 것인가?' 의 선택이 있다는 것을 잊어서는 안 된다. 포터 교수는 다음의 네 가지 전략안을 들고 있다.

글로벌 경쟁전략안

(1) 산업의 전 품목에서 경쟁한다

- 세계 경쟁의 장점을 이용하기 위해서 산업의 전 품목에 걸쳐서 경쟁한다.
- 국가 하나에서는 생산 규모가 작지만, 전 세계가 합해지면 저비용 실현이 가능하다.
- 이 전략의 실행에는 매우 긴 기간과 자원이 필요하다.

(2) 특정 세분시장에 집중한다

- 특정 세분시장에 목표를 집중하고 그것을 전 세계적으로 판매해 간다.
- 선택한 세분시장은 글로벌 경쟁의 장애요소가 적고 자사의 지위를 지켜낼 시장이 좋다.
- 성공하면 그 세분시장에 대해서 차별화와 저비용화가 실현된다.

(3) 특정 국가에 집중한다

- 국가에 따라서 다른 수요를 역으로 이용하여 한 국가에 목표를 집중한다.
- 경제적 장애요인 때문에 글로벌 경쟁을 피하고 있는 세분시장을 노려야 한다.

(4) 안전지대를 노린다

- 제품에 요구되는 국산 비율이 높은 곳, 관세가 높은 곳, 규제가 심한 곳은 다른 나라가 침입하지 않는다.
- 그 나라의 장애요소를 잘 빠져 나가서 침입할 전략을 세운다.
- 현지 정부를 세밀하게 배려하여 자기에게 유리한 국내 보호 정책이 계속될 수 있도록 한다.

이상과 같은 전략이 있지만, 어느 것도 쉽지 않으므로 대기업이 아니면 실행하기 어렵다. 글로벌 기업에게 이긴다는 것은 이렇게 어려운 것이다.

제4장 정리

제1~3장에서는 일반적인 산업과 경쟁 업체의 분석 기법을 제시했다. 하지만 산업에 따라서 그 응용 방법과 전략 수립은 다르다는 것을 설명했다. 이번 장에서는 크게 나누어 현저한 특징을 갖는 다음의 다섯 가지 산업 환경에 대한 경쟁전략의 요점을 학습하였다.

1. 다수 경쟁 산업, 2-1. 첨단 산업, 2-2. 성숙 산업, 2-3. 쇠퇴 산업, 3. 글로벌 산업

당연한 말이지만 산업에 따라서 취할 수 있는 전략은 변한다. 예를 들면 첨단 산업에서는 전략의 효과가 나타나기 때문에 점점 새로운 전략을 생각하면 좋았지만, 성숙기가 되면 그것이 역효과가 나는 것과 같은 형태이다. 그러나 산업에 따라서 다른 것은 표면상의 요소만이고, 그 도출에 이르는 이론이나 분석 방법은 제1~3장에서 배운 것에 기초를 두고 있다. 그것만은 잊지 않았으면 좋겠다.

다음 장에서는 전략을 더욱 구체적으로 살펴보기로 하자. 산업에서는 어떻게 전략의 결정이 이루어지고 있을까? 그 부분에 대해서 깊이 있게 분석해 보자.

제5장

주요 전략의 결정

1장 산업 구조 분석의 기초(다섯 가지 요인)

3장 산업과 경쟁자의 분석

전략의 수립

4장 산업 환경별 전략

5장 주요 전략의 결정

2장 세 가지 기본 경쟁전략

●●● 전략적 의사결정의 유형

전략적 의사결정의 유형
1. 수직 통합
1. 후방 통합과 전방 통합
2. 완전 통합과 부분 통합
3. 준 통합
2. 생산 능력의 확대
3. 신규 진입

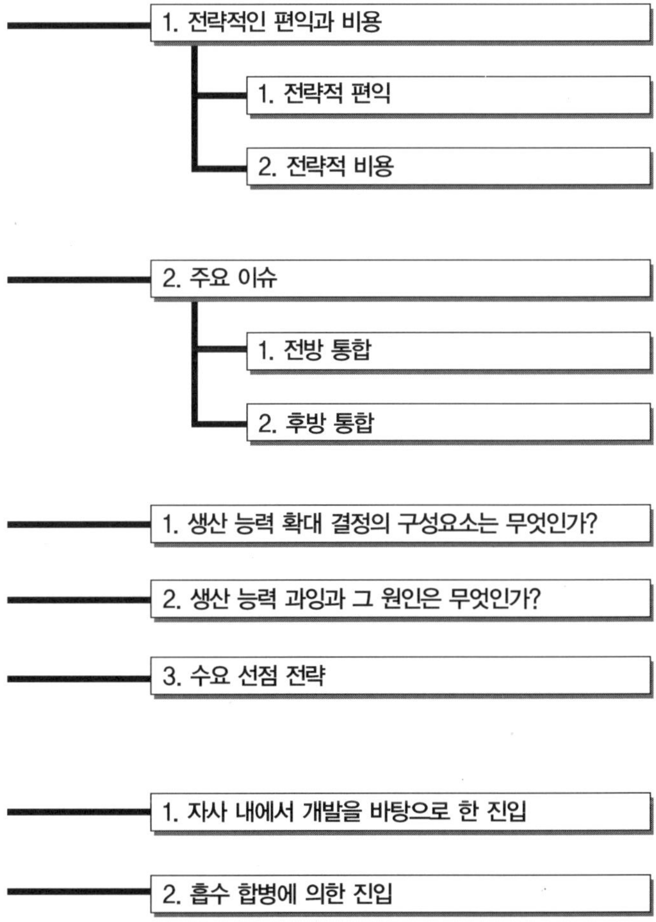
1. 전략적인 편익과 비용
1. 전략적 편익
2. 전략적 비용
2. 주요 이슈
1. 전방 통합
2. 후방 통합
1. 생산 능력 확대 결정의 구성요소는 무엇인가?
2. 생산 능력 과잉과 그 원인은 무엇인가?
3. 수요 선점 전략
1. 자사 내에서 개발을 바탕으로 한 진입
2. 흡수 합병에 의한 진입

1 수직 통합의 전략적 분석

수직 통합의 편익과 비용

이번 장에서는 지금까지의 논의를 근거로 전략적 의사결정에 대해서 생각해 보자. 대표적인 의사결정으로서 '수직 통합', '생산 능력 확대', '신규 사업에 진입'에 대해서 알아보자.

그러면 '수직 통합'부터 살펴보기로 하자. 수직 통합이란 기술적으로는 별도의 생산, 유통, 판매, 기타의 것을 하나의 기업 내에 합치는 것이다. 이 장에서는 경영자가 수직 통합에 대한 최적의 답을 찾을 수 있도록 하는 것을 목적으로 하고 있다. 그러기 위해서는 전략적 관점을 제공하고, 수직 통합해야 할 것인가 안 할 것인가의 의사결정을 지원할 수 있는 사고방법을 제시하겠다.

먼저 수직 통합 전략을 취하는 전략적 편익과 비용에 대해서 생각해 보기로 하자. 즉, 통합의 비용편익을 고려하는 것이다. 우선 그 효과와 비용을 빠짐없이 열거해 보고, 그것을 검토함으로써 '통합 할 것인지 안 할 것인지' 의사결정을 할 때의 판단의 근거를 수집한다. 포터 교수는 수직 통합을 할 때 고려해야 할 편익을 다음과 같이 제시하고 있다.

전략적인 편익

(1) 통합의 경제성

기업이 인접한 가치사슬 단계에서 판매·구매해야 하는 양이 많으면 규모의 경제를 발휘할 수 있고, 구입·생산·물류·판매·서비스 등의 공동화에 의해 비용을 절감할 수 있다.

■ 공동 운영의 경제성

- 기술이 다른 업무를 일원화함으로써 효율이 오른다.

■ 사내 관리와 조정의 경제성

- 사내의 관리나 조정을 통일할 수 있어서 효율이 오른다.

■ 정보의 경제성

- 몇 개의 시장에 관한 정보는 이미 모을 필요가 없어진다.

■ 시장을 상대로 하지 않는 것의 경제성

- 거래의 교섭이나 거래 절차 등의 수고를 생략할 수 있다.

■ 안정된 관계에서 얻을 수 있는 경제성

- 서로 배반하지 않는 관계가 될 수 있으므로 마음속으로부터 협력할 수 있다. 그에 따라서 새로운 아이디어나 효율성이 생긴다.

■ 수직 통합에 의한 경제성은 기업마다 다르다.

- 수직 통합 전략의 효과는 틀림없이 통합의 경제성에 있지만 그 규모는 산업이나 기업에 따라 다르다.

(2) 기술의 습득

- 후방이나 전방의 기술에 정통할 수 있어서 자사의 사업에 참고가 될 수 있다.
- 자사의 부품이 어떤 루트를 거쳐서 어떻게 사용되는지 알게 됨으로써 자사 부품에 대해서 보다 깊은 지식을 얻을 수 있다.
- 많은 경우, 기술의 습득을 목표로 한 통합은 부분 통합이다.

(3) 수요와 공급의 확보

- 수직 통합을 함으로써 과부족 없는 적절한 공급을 확보할 수 있고, 반대 입장에서는 어떤 때에도 항상 일정한 판로를 손에 넣을 수 있다.
- 서로에 대해서 불확실성을 줄일 수 있게 된다.

(4) 거래의 압력을 피하고 진짜 원가를 파악한다

- 공급자나 구매자가 거래에서 상당한 교섭력을 발휘할 수 있는 경우에는, 통합에 의해 그 교섭력을 없앨 수 있고 비용이 줄어든다.
- 게다가 공급기업과의 통합은 진짜 원가를 확실히 알 수 있기 때문에 전략상의 유연성을 가질 수 있게 된다.

(5) 차별화를 강화한다

- 수직 통합을 함으로써 부가가치의 폭을 넓혀, 차별화하는 능력을 높여 준다.

(6) 타 기업에 대한 진입 또는 이동 장벽을 높인다

- 통합 기업은 통합하고 있지 않은 기업보다 고가격, 저원가, 저위험이라는 점에서 경쟁상 유리하게 된다.
- 그렇기 때문에 신규 진입하는 기업도 통합을 하고 있는 기업이 아니면, 맞설 수 없기 때문에 그것이 진입 장벽이 된다.

(7) 수익이 높은 사업에 진입한다

- 통합에 의해 지금까지 손 댈 수 없었던 수익성이 높은 사업에 참여할 수 있다.
- 그 사업이 성공하고 못하고에 상관 없이 자금의 기회비용을 감소시켜 주는 것만으로 가치가 있다.

(8) 수직 통합 전략은 계열화가 진행되는 중에서, 자체 지위의 보존 목적상 필요하다

- 적극적인 이득이 아무 것도 없는 경우에도 경쟁사가 통합되어 있으므로, 공급 기업이나 고객을 계열화 할지도 모른다.
- 계열화 되고, 자사가 산업으로부터 내쫓기는 것을 막기 위해서라도 자사의 방어목적상 필요하게 되는 경우도 있다.

계속해서 수직 통합시에 생각해야 하는 비용에 대해 알아보자. 포터 교수는 다음의 비용을 들고 있다.

전략적 비용

(1) 이동 장벽을 넘는 비용

- 수직 통합이란 새로운 사업에 진입할 때 취해야 할 전략의 하나이기도 하므로 그렇게 되면 당연히 이동 장벽을 넘어야 한다.
- 장벽 중에서도 유통 채널의 확보나 제품 차별화는 용이하지만, 기술의 독점이나 원료의 바람직한 공급 기업의 확보 등의 장벽을 넘는 일은 대단한 전략적 비용이 든다.

(2) 기업의 운영 레버리지(고정비 비율)가 증가한다

- 기업 통합시 어느 정도 고정비 부담은 피할 수 없다. 고정비율이 늘어나면 불경기나 사업의 실패로 수요가 줄어들 경우 기업의 수익 변동성이 커지기 때문에 위험이 증가한다.

(3) 거래 상대를 자유롭게 바꾸지 못한다

- 가령 보다 매력적인 거래선이 등장했다고 하더라도 여간해서 한 번 통합한 기업을 잘라 버릴 수는 없다.
- 반대로 통합한 공급자가 실패했다고 하더라도 그것을 잘라 버리는 것은 불가능에 가깝다.

(4) 철수 장벽을 높게 한다

- 기업의 규모가 큰 만큼, 철수 장벽은 높게 된다.

(5) 필요 자금이 크다

(6) 연구나 노하우의 타사 의존은 허락되지 않는다

- 통합할 때에는 그 대부분의 경영이나 기술 개발이 자사에 맡겨지므로, 타사에 의존할 수 없다.

(7) 전·후방 단계에서 생산능력의 균형을 유지해야 한다

- 기업 내 후방 통합과 전방 통합의 균형을 유지하는 것이 어렵다.
- 수직 관계가 무너지는 이유는 다음과 같다.
  - 성장기 등은 사업 간에 생산 능력의 균형이 무너지는 경우가 있다.
  - 한 쪽 업계의 기술이 발전하고 다른 쪽은 유지되고 있으면 이런 일이 일어난다.

(8) 자극이 둔해진다

- 수직 통합에서는 매매관계에서 교섭의 필요가 없기 때문에 감이 없어진다.

(9) 다른 경영 방식이 필요하다

- 지금까지는 기업문화가 다른 2개 회사가 통합되는 것이므로 당연히 그 절충안 같은 것을 찾아야 한다.
- 경영자도 통합된 양자를 비슷한 종류라고 생각하는 바가 있는데 그럴 이유는 없다.

■ 그 차이를 메우는데 시간을 많이 소비하게 된다.

❙ 전방 통합·후방 통합의 주요 이슈

수직 통합에는 후방 통합과 전방 통합의 두 종류가 있다. 지금까지는 양쪽 모두에 해당하는 편익과 비용 상황에 대해서 이야기 해 왔다. 그러면 전방 통합 및 후방 통합에 독자적인 문제점은 없을까? 우선 전방 통합부터 살펴보자. 포터 교수는 전방 통합에 관해서 다음과 같이 서술하고 있다.

(1) 전방통합 특유의 이슈

■ 제품 차별화 능력이 강화된다.

- 전방 통합을 함으로써 생산 공정이나 판매 방법에서 관리할 수 있는 요소가 늘어나므로 제품 차별화를 하기 쉽다.
- 제품 차별화가 실현되면 이동 장벽도 높아진다.

■ 유통 채널을 입수할 수 있다.

■ 시장 정보를 입수하기 쉽다.

- 제품에 관한 기본 수요를 확보하고 있는 것은 전방이다. 따라서 전방 통합을 하게 되면 시장의 정보를 손에 넣을 수 있어서 최종 수요로부터의 관점을 손에 넣는 것과 같다.

■ 판매가가 오른다.

- 고객과 가깝다는 점에서 고객의 수요를 파악하고 고객에게

보다 가까이 갈 수 있기 때문에 고객에 따라서는 판매가를 올릴 수 있게 된다.

(2) 후방 통합 특유의 이슈

■ 사외로 정보가 누설되지 않는다.

- 본래 부품 등의 공급 기업에는 개발 단계의 기계 설계도를 보여 주지 않으면 안 되는 경우가 있지만 그럴 필요가 없어진다.
- 부품을 제조하는 것이 자사의 직원이라면 문제가 없지만, 타사의 직원이라면 기밀 유지의 관점에서 불안할 수 있다.

■ 차별화

- 가장 중요한 원재료의 생산 관리를 할 수 있기 때문에, 실제로 자사 제품 차별화의 효과를 낼 수도 있고, 대외적으로 그렇게 말해도 신용을 하게 된다.
- 예를 들면 햄버거 가게에서 '우리 회사는 국산 쇠고기를 사용하고 있습니다.'라는 선전에 설득력이 있는 것은 자사가 소사육 농가와 직접 제휴하고 있을 때다.

후방 통합과 전방 통합에 대해서 배웠으니 통합의 종류를 정리해 보자. 통합을 분류할 때에는 여러 가지 분류 기준이 있는데 다음과 같이 분류할 수 있다.

(1) 후방 통합과 전방 통합

- 후방 통합 : 공급기업(판매자)과의 통합
- 전방 통합 : 고객기업(구매자)과의 통합

(2) 완전 통합과 부분 통합(변칙 통합)

- 완전 통합 : 문자 그대로 완전히 통합하는 것
- 부분 통합 : 일부 사업이나 지사만으로 통합하고, 남는 것을 시장에서 구입하는 것을 말한다. 변칙 통합이라고도 한다.

(3) 준 통합

- 수직 관계에 있는 기업과의 사이에 장기 계약과 완전 소유의 어느 중간에, 소액의 지분 투자, 융자 또는 융자의 보증, 독점 거래 계약, 전용 배송 시설, 공동 R&D 등의 관계를 만들어 내는 것을 말한다.

완전 통합의 경우는 비용 및 위험이 크게 된다. 따라서 얻을 수 있는 이득의 크기와 비용, 위험을 고려하여 자사가 취할 수 있는 통합을 생각하는 것이 유리한 대책이다.

수직 전략의 함정

수직 통합의 전략에 관해서는 일반적으로 오해하고 있는 것이 있으므로 주의가 필요하다. 다음의 다섯 가지를 포터 교수는 중요한 것으로 제시하고 있다. 이것들의 함정에 빠지지 않도록 자각하면서 수직 통합 전략을 재고해 보면 좋을 것이다. 성공하면, 규모 면에서도 효율 면에서도 이 정도의 효과를 올릴 수 있는 전략은 없다.

(1) 수직 연결사슬 중 하나의 단계에서 강한 시장지위를 점하고 있으면, 자연히 다른 단계에서도 강해진다는 오해

- 통합 그 자체가 구체적으로 앞에 서술한 이득을 어느 정도 만들어 내는 경우에만, 통합으로 시장에서의 힘을 확대하는 것이 가능하다.

(2) 사내에서 하면 반드시 싸게 된다는 오해

- 앞에서 서술한 대로 통합에는 반드시 리스크와 비용이 따라다닌다. 그것들을 피하지 않으면 이 원리는 작용하지 않는다.

(3) 경쟁이 심한 사업에, 통합으로 진출하는 것이 좋은 방법이라는 오해

- 이것도 앞에서 서술한 대로 수직 통합은 경쟁감각을 둔하게 하는 경우가 있어서 경쟁이 심한 사업에 통합으로 진출하면 반대로 실패할 가능성이 높아진다.

(4) 수직 통합은 전략적으로 약한 경영을 구제해 준다는 오해

- 각각 장점을 가지고 자기 영역을 공고히 하지 않으면 통합은 성공하지 못한다. 즉, 보강은 되어도 약점을 극복하는 것은 쉽지 않다.

(5) 수직 연결사슬의 한 단계를 경험하고 있으면, 후방 부문이나 전방 부문을 경영하는 힘이 생긴다는 오해

- 수직으로 연결되어 있는 경우라도, 경영상의 특징은 전혀 다른 경우가 자주 있다. 앞서 서술한 대로 많은 경우에 통합 후에 새로운 경영기법을 생각해야 한다.

2 생산능력Capacity 확대전략

생산능력 확대전략이란?

Capacity란 직역하면 '용량, 능력'을 말하지만, 여기에서는 생산능력을 가리킨다. 예를 들면, 단위 시간당 수요의 몇 배의 양을 생산할 수 있는가를 나타내는 것이다. 일반적으로 생산능력은 생산 설비에 비례한다고 생각할 수 있다.

포터 교수는 '생산능력의 확대는 기업에 있어서 가장 중대한 전략상의 결정사항이다.'라고 설명하고 있다. 왜냐하면 설비의 확대에는 막대한 비용이 드는데다가 그 타이밍을 포착하는 것이 매우 어렵기 때문이다. 더욱이 확대를 결정한 후에도 바로 설비가 완성되는 것이 아니라 상당한 시간이 걸리는 경우도 있다. 그 사이에 수요가 바뀌는 일도 흔히 있기 때문이다. 일단 확대를 하면 고정 비용이 증가한다. 생산능력 확대전략이 산업 전체에 주는 영향도 크다고 할 수 있다. 하나의 기업이 생산능력을 확대하면 산업 내의 생산량이 늘어난다. 이에 따라 비용이 줄어든다. 게다가 모든 기업이 경쟁적으로 많은 투자를 하여 생산능력을 확대하면, 바로 산업 내에서 생산과잉이 일어나서 공급이 수요를 크게 상회하게 된다. 그렇게 되면 산업의 파멸로 이르기도 한다. 이러한 의미에서 그 영향은 매우 큰 것이다.

생산능력 확대전략이 산업 전체에 주는 영향

1. 생산량 증가로 비용 저하

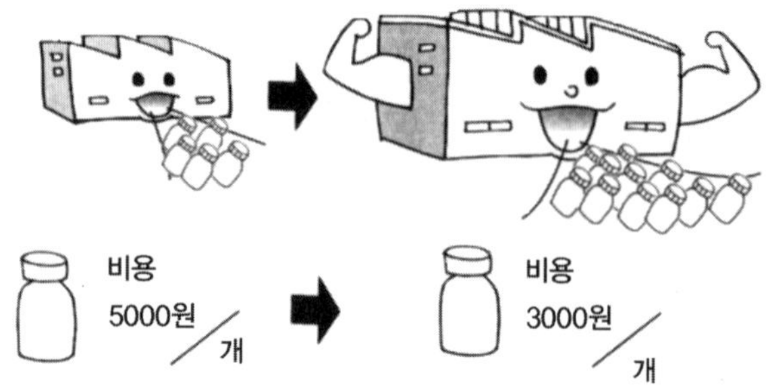

2. 생산능력 확대

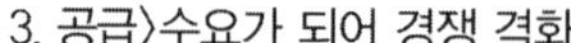

3. 공급〉수요가 되어 경쟁 격화

생산능력 확대 의사결정의 구성요소

포터 교수에 따르면 생산능력 확대전략은 다음과 같은 순서로 결정된다.

(1) 설비 확대의 규모와 유형별로 실현가능한 수단을 결정한다

- 실현가능한 확대 계획의 하나하나에 대해서, 그것을 취했을 때의 경쟁기업의 반응을 고려하여 개별적으로 분석할 필요가 있다.

(2) 장래의 수요량과 생산 비용을 추정한다

- 생산 비용은 재료비나 인건비로 구성된다.
- 재료비나 인건비의 예측은 새로운 설비가 가져다주는 수요량의 증대가 비용을 높이지는 않는지 생각하는 데 있어서 중요하다.
- 불확실성이 너무 크기 때문에 첨단 산업의 장에서 소개한 시나리오 분석을 도입하면 좋다.

(3) 장래의 기술 동향과 설비의 진부화를 추정한다

- (2)에서 추계된 결과를 바탕으로 장래의 기술 동향이나 진부화의 위험을 생각한다.
- 바로 진부화될 것 같은 기술에 많은 설비 투자를 할 필요는 없다.

(4) 경쟁 업체마다의 설비 확대를 예측한다

- 경쟁 업체가 업계에 대해서 가지고 있는 기대감에 근거해서 행한다.
- 제3장에서 서술한 경쟁업체의 분석을 풀가동해서 예측한다.
- 경쟁 업체의 행동을 예측하는 것은 장래의 수요량, 생산 비용, 기술에 관해서 그 업계가 어떤 전망을 하고 있는가를 말한다.
- 더욱이 그 분석은 몇 번이고 행하는 편이 좋다.

(5) 이러한 추계치를 전부 합해서 업계의 수요와 공급의 밸런스를 결정한다. 그리고 그 결과로부터 가격과 비용을 추계한다

- 자사와 경쟁 업체의 생산능력 확대에 의해서 수요와 공급의 균형이 어떻게 무너질지를 예측한다.
- 여기까지 오면 장래의 제품가격도 설정되어 비용도 추계할 수 있다.

(6) 설비 확대가 가져다줄 것으로 기대할 수 있는 수입액을 정한다

- 가격이나 비용, 수요나 공급의 균형이 추계됨으로써 설비 투자에 의한 현금흐름 변화도 예측한다.

(7) 분석의 결과에 일관성이 있는지를 체크한다

- 일관성이 없는 전략은 반드시 파멸에 이른다.

생산능력 과잉과 그 원인

생산능력 확대전략은 종종 업계를 선점하려는 의도에 의해 발생하기도 한다. 우선은 이 점을 이해해야 한다. 앞서 서술한 대로 산업 내의 수요는 기업 측의 접근방법으로 늘릴 수 있다고 해도 그것에는 한계가 있다. 가령 산업 내의 모든 기업이 생산능력 확대전략을 취하면 금방 업계 내의 수요를 크게 상회하여 산업은 파멸에 이를 것이다. 그러나 몇 개 회사만이 생산능력 확대를 한다면 문제는 없고 결과적으로 확대를 한 기업이 원가 우위를 가질 수 있다.

가령 모든 기업이 설비투자 자금을 충분히 가지고 있다고 하면, 산업 내의 기업은 가능한 한 설비투자를 하여 원가 우위를 갖고 싶다고 생각한다. 그러나 수요를 크게 상회해 버리면 서로 파멸할지도 모른다는 것을 알고 있으므로, 산업 전체의 공급이 수요를 따라잡으면 그 이상 확대하지 않는다. 따라서 원가 우위를 확보하기 위해서도 생산능력 확대를 가능한 한 빨리 할 필요가 있다. 나중에는 산업의 파멸을 불러일으키므로 생산능력을 확대하려고 해도 할 수 없기 때문이다. 그래서 생산능력 확대전략은 먼저 취하는 것이 유리한 게임이라고 할 수 있는 것이다.

예를 들면 일본의 택시 업계는 생산능력 과잉의 좋은 예이다. 지금까지는 택시 대수에 제한이 있었다. 각 기업이 영업을 위해 운행할 수 있는 택시 대수에는 한계가 있어서 수요와 공급의 균형이 유지되고 있었다. 하지만 2001년에 택시 대수는 자유화되어 각 기업은 마음대로 택시를 운행할 수 있게 되었고 이에 편승하여 각 사는 일제히 택시 대수를 늘렸던 것이다. 그 결과가 현재의 생산능력 과잉이다. 한밤중에 도처에 택시의 행렬이 생기고, 수요보다 많은 택시가 거리에서 북적거리고 있다. 택시 기사들은 지하철 막차를 놓친 비즈니스맨을 위해 길게 줄을 서서 기다려야 하는 상황이 되었다. 이것은 틀림없이 생산능력 과잉이 원인이라고 할 수 있다. 이런 경우 통상적으로는 구매자의 교섭력이 강해진다. 택시 업계는 다행히 가격을 어느 정도 통일함으로써 그 상황을 모면하고 있다.

그러면 생산능력 과잉이 일어나는 원인에 대해 생각해 보자. 산업 전체의 파멸은 가능한 한 피하고 싶다고 생각할 것이므로 이론상 생산능력 과잉은 일어나지 않는다. 그러나 현실에서는 위의 택시 업계의 예처럼 생산능력 과잉이 되는 경우가 얼마든지 있다. 포터 교수는 생산능력 과잉이 되는 원인으로서 다음과 같은 것을 들고 있다.

(1) 기술면에서의 원인

- 한 번에 크게 생산능력을 늘린다.
  - 산업 전체에서 갑자기 대규모의 설비 확대 필요성이 생겼을 때에는 각 사가 일제히 생산능력 확대 결정을 내려서 심각한 설비 과잉에 빠진다.
- 규모의 경제 또는 경험곡선 효과가 크다.
  - 이 법칙이 작용할 때에는 빠른 시기에 규모를 확대한 기업이 유리하게 되므로, 다른 기업도 서둘러서 생산능력을 확대하려고 한다.
- 생산능력 확대에는 시간이 걸린다.

- 이 경우는 생산능력 확대를 할 때에는 몇 년 앞의 미래까지 예측해야 한다.
- 게다가 장래 수요가 커졌다고 하더라도 확대되기까지에는 시간이 걸리므로 그 시점에서 참여하는 것은 어렵다.
- 따라서 다소 위험이 있더라고 기업은 설비를 확대하기 시작한다.

■ 생산의 최소 효율 규모가 커진다.
- 생산의 최소 규모가 커지면 효율적으로 생산할 수 있는 최소 규모가 종래보다 커지게 되어, 규모가 큰 공장에서 생산하는 것이 효율적이 된다.
- 각 기업은 자사의 시장 점유율이 줄어드는 것을 견딜 수 없게 되어 공장 수를 줄이고 설비 확대를 시작한다.

■ 생산 기술의 변화
- 생산 기술이 혁신되면 기업은 모두 그 기술에 투자하고 싶어 한다. 그래서 생산 과잉이 일어나는 경우가 있다.
- 그러나 이에 대해서는 기업은 가령 혁신적인 생산 기술이 등장하더라도 종래의 생산을 계속하는 경우가 많다.

(2) 산업 구조상의 원인

■ 철수 장벽이 강력하면 가령 생산 과잉을 알고 있어도 여간해서 철수하기가 어렵게 된다. 그래서 생산 과잉은 멈추지 않는다.

■ 공급 기업은 보조금, 절차가 간단한 융자, 가격 할인 등에 의해 설비 과잉이 되는 경우가 있다.

- 신뢰성을 확보하기 위해
  - 구매자의 신뢰를 얻으려고 신제품을 대량으로 생산하는 것을 목적으로 해서 설비 과잉이 되는 경우가 있다.
  - 또는 구매자가 직접·간접적으로 장래에 대량수요가 발생할 것을 암시적으로 내비침으로써 공급 기업이 설비 과잉에 빠지는 경우도 있다.
- 경쟁 업체의 통합화
  - 산업에서 전방 통합이나 후방 통합이 일어나면, 다른 기업은 그 통합처에 공급 능력을 유지하려고 생각하기 때문에 생산 과잉이 된다.
- 생산능력의 점유율이 수주량에 영향을 준다.
- 생산능력의 최신 정도와 유형이 수요를 좌우한다.
  - 설비 그 자체가 매력이 되는 경우가 있다. 서비스업의 점포 안의 청결도 등

(3) 경쟁상의 원인

- 산업에 업체 수가 많다.
  - 많은 업체가 설비를 확대할 충분한 능력이 있고, 그들이 지위의 향상을 꿈꾸고 있는 경우에는 설비 과잉이 일어난다.
- 신뢰할 수 있는 리더 기업이 없다.
  - 산업 내 기업의 규모가 비슷해서 그들이 전부 산업의 리더 자리를 노리고 있는 경우에는 무질서한 설비 확대가 이루어진다.

- 리더 기업이 있는 경우에는 수요와 공급의 균형을 생각해서 과잉이 되기 쉬운 경우에 다른 기업을 통제한다.

■ 신규 진입

- 신규 진입 기업은 업계에서의 지위 확립을, 기존 기업은 그 지위의 유지를 노린다. 그렇기 때문에 경쟁이 심하게 되어 설비 확대로 치닫는 경우에는 과잉이 된다.

■ 타사에 앞선 설비 확대가 이익을 증가시킨다.

- 빠른 시기의 설비 투자는 납기를 단축하고 저비용이다.

(4) 정보 상의 원인

■ 미래에 대한 과도한 기대감

- 증권 애널리스트들이 업계의 수요 확대를 예측하면 그 수요 확대를 믿고, 기대하여 기업이 일제히 설비 확대를 시작한다.

■ 경쟁 업체의 힘을 잘못 파악한다.

- 경쟁 업체의 경영 자원, 지구력 등의 힘을 잘못 인식하고 있는 경우에는 경쟁 업체의 설비 투자 가능성을 잘못 파악하여 과잉 투자를 하는 경우가 있다.

■ 시장 신호**Market Signal** 기능의 붕괴

- 산업 내에 어떤 커다란 변화가 생겨 기업이 시장 신호를 신용할 수 없게 될 때에 설비 확대 과정이 불안정하게 되기 쉽다.
- 다른 기업으로부터의 시장 신호에 대해 항상 의심을 품고 있으면 그것은 아무것도 정보가 없는 것과 마찬가지이기 때문이다.

■ 산업 구조의 변화

- 산업 구조가 변화하면 갑자기 설비 투자의 수요가 늘어나거나 산업 내에 혼란이 일어나는 것 등이 원인이 되어 생산능력 과잉이 일어나기 쉽다.

■ 금융기관으로부터의 압력

- 금융기관은 타사도 설비 투자를 하고 있다는 것만으로, 투자를 안하는 기업에 알선하는 경우가 있는데, 그것이 설비 과잉을 초래한다.

(5) 경영 관리상의 원인

■ 생산 지향형 경영자

- 마케팅이나 재무 활동을 중심으로 생각하지 않고, 생산 활동을 중심으로 경영하는 기업은 특히 생산과잉이 되기 쉽다.
- 새로운 설비, 기술이 그들에게는 기업의 힘을 나타내는 것과 같기 때문이다.

■ 설비를 확대한 경우의 위험과, 하지 않은 경우의 위험에 큰 차이가 있다.

- 기업이 일제히 설비 투자를 했지만 수요가 증가하지 않아서 생산 과잉에 빠지는 손실과, 다른 기업은 설비 투자를 하고 나는 하지 않았는데 결과적으로 수요가 늘어나서 보게 되는 손실 등 두 가지를 생각했을 때 후자의 손실이 크다.
- 한 회사가 설비를 확대했을 때 그 손실의 위험을 피하기 위해서, 그 외의 기업이 일제히 설비 투자를 하면 당연히 설비

과잉이 된다.

(6) 정부 제도상의 원인

■ 설비 투자를 유혹하는 부당한 조세제도

- 세제의 구조나 투자에 대한 세제상의 우대가 설비 과잉을 초래하는 경우가 있다.
- 특히 산업의 경기가 좋을 때 일어나기 쉽다.

■ 자국 산업의 육성방침

- 자국의 산업을 가지고 싶어 하는 나라가 많은 산업은 세계적으로 볼 때 생산 과잉이 되기 쉽다.
- 많은 나라가 자국의 산업을 발전시키고 해외에도 판매하고 싶다고 생각한다.
- 그러한 미래의 수요에 대비해서 각 기업이 설비 투자를 한다.

■ 고용 촉진 또는 고용 유지의 압력

- 정부는 고용 기회를 창출하기 위해서 기업에게 설비 투자를 강하게 권하는 경우가 있다. 이 압력도 설비 과잉의 요인이 된다.

이상, 생산능력 과잉의 원인은 몇 가지로 생각할 수 있다. 그러면 처음에 설명했던 택시 업계의 예는 어떤 요인에 해당하는 것일까? 경쟁상의 요인 중에서 '리더 기업이 없다.' 는 것과 '타사에 앞선 설비 확대가 이익을 늘린다.' 가 그 원인이다.

생산능력 과잉에서 생각해 볼 수 있는 전략 키워드

1. 현금 없는 택시

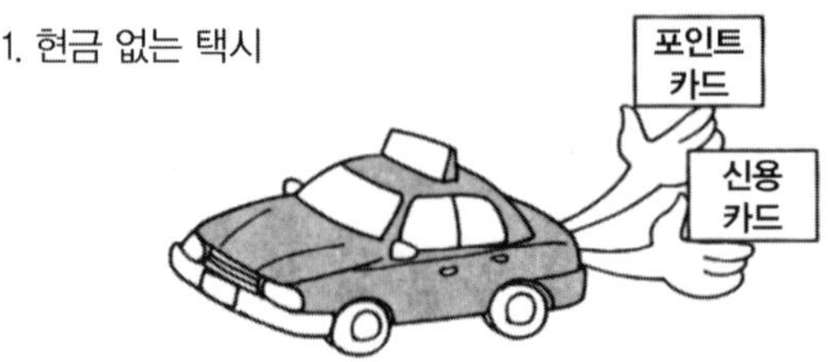

2. 고급 택시

3. 원코인 택시

4. 서비스를 강조한 택시

택시 업계도 각 기업이 모두 택시 대수를 증가시키면, 금방 생산능력 과잉이 된다는 것을 알고 있었다. 그러나 한 회사가 택시 대수를 늘리면 그 회사만 이득을 본다. 왜냐하면 대수가 많은 쪽이 고객을 만날 확률이 높기 때문이다. 그래서 다른 기업도 그대로 있지 못하고 대수를 늘렸다. 그리고 또 다른 기업도 늘리게 된다.

만일 리더 기업이 있었다면, 혹은 기업간에 어떤 협약을 맺어 놓았다면 공급이 수요를 쫓아갈 무렵에 설비 확대에 제동이 걸렸을 것이다. 하지만 리더 기업이 없었기 때문에 '타사에 앞선 설비 확대가 이익을 증가시킨다.'는 이론을 각 기업이 가지고 현재와 같은 상황이 된 것이다.

생산능력 과잉에서 빠져나오기 위한 키워드 '타사와의 차별화'이다. 자사 독자의 영역을 확립하면 생산 과잉인지 아닌지 자기 자신만으로 판단할 수 있기 때문이다. 차별화를 함으로써 설비 과잉의 현상에서 빠져 나올 수 있는 것이다. 실제로 일본의 택시 업계를 예로 들어보자. 동경처럼 택시로 가득 차 넘치게 되면 포인트 카드, 벤츠 택시, 가격 인하 등 서서히 차별화가 당연하게 된다. 바로 포터 교수가 말하는 경쟁전략의 시나리오에 따른다고 할 수 있다.

수요 선점 전략

생산능력 확대전략에 있어서 생산능력 과잉으로부터 탈출하는 키워드는 차별화라고 말했다. 그러면 차별화 요인이 그다지 존재하지 않을 경우에는 어떤 전략을 생각할 수 있을까? 그것이 '수요 선점 전략' 이라고 포터 교수는 지적한다. 간단히 말하면 생겨난 수요를 제일 먼저 차지하려고 하는 것이다. 그러나 이 전략은 리스크가 매우 높다. 주위로부터 엄청난 공격을 받고 많은 비용이 발생한다.

포터 교수는 다음에 제시하는 조건을 모두 충족시키는 기업이 아니면 수요 선점 전략은 회피해야 한다고 지적하고 있다.

(1) 기대되는 시장규모에 알맞은 정도의 대규모 설비 확대를 한다

- 기대되는 시장의 확대 규모에 비해 설비 확대 규모가 충분히 크지 않은 경우에는 선점 효과를 기대할 수 없다.

(2) 규모의 경제 또는 경험곡선 효과가 크게 나타나는 시장에서 설비 확대를 한다

(3) 수요 선점 전략을 취하는 기업에 신뢰성이 있다

- 신뢰받지 못하면, 자사가 발신하는 시장 신호가 진지하게 받아들여지지 않는다.
- 신뢰받기 위해서는 그에 상응하는 경영자원이나 기술력이 필요하다.

(4) 경쟁업체가 행동을 일으키기 전에, 선점 전략의 의향이 있는 것을 보이는 능력이 있다

- 시장 신호 발신 능력을 보유하고 있어야 한다.

■ 신뢰도가 높은 전달방법을 가지고 있을 필요가 있다.

(5) 경쟁업체에서 자진해서 물러날 의지가 있어야 한다

■ 자사와 경쟁할 만큼의 리스크를 지고 싶지 않다고 생각하고 있는 기업이 있는 것이 조건이다.

반대로, 다음과 같은 기업이 있으면 선점 전략은 하기 어렵다.

- 경제 목표 이외에 업계에 대해서 감정적인 목표를 가지고 있는 기업
- 그 사업이 전사에 있어서 핵심적인 입장에 있거나, 포트폴리오로서 중요한 위치를 점하고 있는 기업
- 자사와 동등한 힘을 가지고 성장을 위해서는 장기적인 비전에 있어서 경쟁도 불사한다고 생각하고 있는 기업

3 신사업 진입 전략

두 가지 신규 진입

지금까지 수직 통합 전략, 그리고 생산능력 확대 전략에 대해서 생각해 보았다. 끝으로 이 책을 매듭짓는 것이 신사업 진입 전략이다. 신사업 진입 전략은 검토항목이 매우 많고 그 단면은 여러 가지지만 지금까지 공부해 온 것을 사용할 수 있다. 그래서 검토의 초점을 집중하여 1~3장에서 배운 이론을 기초로 분석해 보자. 이 장에서는 주로 진입하는 산업을 선정할 때의 주의점과 실마리를 제시하는 것을 목적으로 한다.

포터 교수는 신규 사업 진입의 전제로서 '시장요인이 불완전한 업계를 찾는 것'을 들고 있다. 기본적인 시장요인이 완전하게 작용하고 있는 산업에서는 어떤 형태로 참여하더라도 그 산업에서 평균 이상의 투자 수익률을 올릴 수 없기 때문이다.

이 전제에 따르는 경우에는, 가령 '자사에 있어서 바람직한 조건을 제시하는 산업에, 건전하게 관리되는 사업을 가지고 진입한다.'고 하더라도, 이것보다는 '과연 그 시장은 시장요인이 불완전한가?'를 가장 중요시하는 것이다.

신규 진입의 형태는 두 가지가 있다. 다음 항에서부터 이것들을 각

각 검토해 보자.

(1) 자사 내에서 새로운 시장에 진입하려고 하는, 자력으로의 신규 진입
(2) 흡수 합병에 의한 신규 진입

자사 내에서 개발을 중심으로 한 신규 진입

자사 내에서 개발을 중심으로 한 신규 진입(이하 자력 진입)을 하는 경우, 우선 두 종류의 진입장벽에 부딪친다. '구조상의 진입장벽'과 '기존 업체로부터의 반격'이다. 전자인 '구조상의 진입장벽'에 관해서는 1장에서 자세히 설명했다. 따라서 여기서는 진입시의 의사결정에 필요한 분석에 대해서 설명하기로 한다.

구조상의 진입장벽을 돌파하는 것을 생각할 때, 특히 분석의 대상이 되어야 할 비용과 편익으로서 포터 교수는 다음과 같은 네 가지를 들고 있다.

(1) 신사업 진입에 필요한 투자액, 예를 들면 생산 설비나 재고를 갖기 위한 투자
(2) 진입하는 산업이 강력한 브랜드나 독점적 기술에 의해 보호되고 있는 경우, 이러한 진입장벽을 깨기 위해 필요한 비용
(3) 진입에 의해 생긴 기존 업체의 반격에 대처하기 위한 비용

(4) 진입에 의해 얻을 수 있다고 기대할 수 있는 현금 유입

구조상의 진입장벽에 관해서는 1~3장의 관점을 기초로 하고, 이 네 가지 관점을 기본으로 판단하는 것이 좋겠다. 구조상의 진입장벽에 대해서는 이 분석·비교가 충분히 된다면 문제가 없다.

다음에는 '기존 기업으로부터의 반격'에 대해서 생각해 보자. 반격을 받기 쉬운 업계란 다음과 같다고 포터 교수는 지적하고 있다.

반격을 받기 쉬운 산업

새로운 업체가 진입한 경우, 기존 기업이 반격을 해도 본전을 찾을 수 있다고 생각하는 경우에는 반격한다.

(1) 저성장 산업

- 저성장 산업에서는 자력에 의한 신규 진입이 있으면, 그 이상으로 파이를 뺏길 수는 없으므로 신규 진입 기업은 적대시 된다.

(2) 범용품화한 제품산업

- 이런 산업은 브랜드 자산도, 세분화된 시장도 없기 때문에 신규 진입은 공급량을 늘리게 되어 적대시 된다.

(3) 고정비율이 높은 산업

(4) 소수 과점 산업

- 몇 개의 기업이 좌지우지하는 산업에 진입하는 것은 매우 눈에 띄기 쉽다.

(5) 기존 업체가 그 사업을 전략적으로 중시하고 있는 산업

(6) 대대로 내려오는 유명한 기존 기업이 있는 산업

- 역사가 오래 되고, 사업에 전념하고 있는 산업에 신규 진입하면, 격심한 반응을 보인다. 무례라든지 권리침해라고까지 말하는 경우도 있다.

이와 같은 산업에의 진입은 적대시되는 것이 두렵다면 가능한 한 피하는 것이 좋겠다. 제1장에서도 서술했지만 이러한 신규진입에 대한 반격의 강도는 과거 진입을 시도해 본 기업이 어느 정도 반격을 받았는지를 생각해 보면 이해할 수 있다.

그러면 다음 분석은 어떤 조건하에서 진입 산업을 확정하면 좋을지 생각해 보자. 앞에서 제시한 전제에 따르면 '시장요인이 불완전한 산업을 찾아서 진입한다.'라는 것이었다. '완전한' 산업이라는 것은 다섯 가지 요인이 빈틈없이 서로 작용하고 있어서 업계로 들어갈 여지가 없다는 것이다. 그리고 '불완전한' 산업을 찾기 위해서는 제1장에서 서술한 '다섯 가지 경쟁요인'에 대해서 생각하면 좋을 것이다. 포터 교수는 자력 진입을 할 때, 목표로 해야 할 다섯 가지 산업을 다음과 같이 들고 있다.

(1) 불균형 상태에 있는 산업
(2) 기존 기업이 반격이 늦거나 효과적인 반격이 없다고 생각되는 산업
(3) 타사에 비해 진입비용이 적게 드는 산업
(4) 자사의 힘에 의해 업계 구조를 바꿀 수 있는 산업
(5) 진입에 의해 자사의 기존 사업에 긍정적인 효과가 생기는 산업

하나하나에 관해서 자세하게 살펴보기로 하자.

(1) 불균형 상태에 있는 산업

■ 새로운 산업

- 산업 구조가 확립되어 있지 않기 때문에 진입비용이 적게 든다.
- 유통망도 발달해 있지 않고 신규 진입을 시험해 보는 기업이 들어갈 틈은 얼마든지 있다.
- 자사의 브랜드를 확립한 기업이나 신규 진입에 반격의 힘을 가진 기업이 없다.
- 단지 새로운 산업이라는 것만으로 판단해서는 안 되고, 제1장에서의 분석에 의해 투자 호기를 판단할 필요가 있다.
- 뒤에 진입하는 기업이 먼저 진입한 기업보다 비싼 비용을 지불해야 한다고 확신할 수 있는 산업은 좋다.

■ 진입장벽이 높아지고 있는 산업

- 진입장벽이 높아진다는 것은 미래의 수익이 커지고 현재의

참여비용보다 더욱 이익이 난다는 것을 의미한다.

- 다른 많은 기업이 바로 진입하는 것을 생각하고 있는 경우에는 이러한 이점이 없어진다.

■ 정보가 적은 산업

- 진입비용과 진입에 의해 기대할 수 있는 수익이 장기간에 걸쳐 불균형이 되는 산업의 정보가 외부에 알려져 있지 않은 경우가 있다.
- 불균형을 처음으로 찾아서 진입할 수 있으면 이상적이다.

(2) 기존 기업이 반격이 늦거나 효과적인 반격이 없다고 생각되는 산업

■ 진입에 대해 반격하는 비용이 얻을 수 있는 이익보다 큰 산업

- 진입을 의도하는 기업은, 그 산업의 유력한 기존 기업이 반격의 강도를 정하는 기준에 관해서 검토해 놓을 필요가 있다.
- 진입 기업에 대한 반격으로 어느 정도의 비용을 지불할 각오가 되어 있는가를 판단한다.

■ 가부장적인 지배력을 갖는 유력 기업이나 전통을 갖는 리더 기업의 결속이 강한 그룹이 있는 산업

- 진입 시에 산업의 리더 기업을 도발하지 않는 한, 그 산업에서 괜찮은 지위를 획득할 수 있다.
- 마치 잠자는 거인이 잠에서 깨지 않도록 가까이 다가가는 느낌이다. 이 리스크를 회피하기 위해서 리더 기업의 경영 스타일에 대해 숙지해 놓을 필요가 있다.

■ 기존 업체가 현재의 사업을 지키고 있다는 필요에서 볼 때, 반

격 비용이 너무 큰 산업

- 고객에 대한 충성도가 없어져서 많은 지출이 있거나, 반격하는데 비용이 너무 큰 경우에는 반격을 참는다.

■ 관습적인 관념이 지배적으로, 진입기업이 이것을 이용할 수 있는 산업

- 과거로부터 존재하는 관습적인 관념이 제품이나 마케팅 활동 등에 스며들어 있는 기업은 과거의 영광을 버리지 못한다.
- 그것을 파악하고 전략에 활용하면 매우 유리하게 작용하는 경우가 있다.

(3) 타사에 비해 진입비용이 적게 드는 산업

■ 구조적인 진입장벽을 깨는 비용이 다른 진입기업보다 적게 드는 산업

- 자사의 기존 사업으로부터 빼낼 수 있는 자산의 양으로 정해진다.
- 진입의 전략적 근거가 되는 이노베이션이 있는지에 의해서도 정해진다.
- 자사가 가진 이점이 누구나 갖고 있는 것이 아니고 자사 고유의 것이면, 진입은 이득이 많게 된다.

■ 반격을 받는 정도가 적은 산업

- 기존 기업이 진입 기업을 매우 위협적으로 보고 경원하는 경우에는 그렇게 된다.
- 반대로, 기존 기업이 진입 기업을 위협이라고 보지 않기 때

문에 무시되는 경우에도 반격의 걱정은 없다.

- 진입 기업이 공정한 경쟁을 한다고 판단하는 경우에도 마찬가지로 반격이 없다.
- 이렇게 반격을 받을 가능성이 매우 낮은 기업은, 진입에 의한 이익도 평균 이상이 된다고 예상된다.

(4) 자사의 힘에 의해 산업 구조를 바꿀 수 있는 산업

- 목표로 하는 산업의 구조적인 균형상태를 바꿀 수 있을 정도의 기업이라면, 시장요인이 완전하더라도 진입에 의해 이익을 올릴 수 있다.
- 진입 직후에 산업 내의 이동장벽을 높여, 자신의 영역에 타사가 들어오지 못하게 할 수 있다면 산업의 안정 상태가 무너지게 되어 이익을 얻을 수 있다.

(5) 진입에 의해 자사의 기존 사업에 긍정적인 효과가 생기는 산업

- 진입기업의 기존 사업에 무엇인가 긍정적인 효과를 줄 수 있다면, 이익을 올릴 수 있다.

이처럼 '시장요인이 완전하게 작용하고 있지 않은 산업'을 찾아서, 진입해야 할 산업과 진입해서는 안 될 산업을 잘 구분해 낼 수 있으면 좋다. 그러면 신규 진입에 대한 접근방법을 몇 개 살펴보자. 포터 교수는 다음과 같은 것을 들고 있다.

- 제품 비용의 인하
- 저가격 판매에 의한 점유율 획득
- 넓은 의미에서 보다 뛰어난 제품의 개발
- 시장에서 새로운 세분시장의 발견
- 새로운 마케팅 기법의 도입
- 다른 사업의 유통망을 이용한다.

그리고 포터 교수는 이상과 같은 접근방법이 '타사보다 낮은 비용으로 진입장벽을 타파한다.'라는 개념이 기본이 된다고 서술하고 있다. 만일 당신의 회사가 신규 진입을 시도해 보려고 한다면 어떤 접근방법으로 타사보다 저비용으로 진입장벽을 깰 수 있을지를 검토해 보는 것이 좋다.

흡수합병을 통한 신규 진입

신규 진입의 또 하나의 방법으로서 흡수합병에 의한 것이 있다. 매수할 기업은 원래 그 산업에 있고, 그 산업에 새로운 기업이 늘어나는 것은 아니므로, 타사로부터 반격의 가능성은 낮다고 할 수 있다. 그런 의미에서 자력 진입과는 크게 다르다.

기업의 흡수합병의 포인트는 한 가지다. '어떤 기업을 흡수합병 해야 하는가'이다. 포터 교수는 다음과 같은 경우라면 흡수합병은 기대 이상의 이익을 가져다 줄 수 있다고 지적하고 있다.

(1) 사업을 계속한다는 대안을 기초로 하여 설정된 인수가격이 낮은 경우

■ 공급자가 판매가 시급한 다음과 같은 상황에서 그 기업을 인수하는 가격은 최저가 된다.

- 부동산으로 곤란한 문제를 안고 있다.
- 자금을 긴급히 필요로 하고 있다.
- 경영자를 잃었든지, 현재의 경영에 후계자가 없다.
- 자금 면에서 제약이 있어서 더 이상 성장할 수 없다고 생각하고 있다.
- 경영자가 약체라고 생각하고 있다.

(2) 시장의 움직임이 불완전하고, 경쟁의 프로세스도 불완전하여 흡수합병에 의한 평균 이상의 수익이 손상되지 않는 경우

■ 다음과 같은 경우에 있어서 시장의 불완전성이 생긴다.

- 인수기업이 확실한 정보를 가지고 있다.
  (여기서 말하는 인수기업이란 기업을 매수하려고 하는 업체)
- 인수희망기업의 수가 적다.
- 경기가 좋지 않다.
- 피인수 기업의 성과가 나쁘다.
- 피인수자의 목적이 다른 것에 있어서 인수가를 최대로 하는 것은 이차적이다.

(3) 흡수합병한 사업을 잘 운영하는 독특한 능력을 인수기업이 구비하고 있는 경우

■ 다음과 같은 조건하에서는 인수기업이 잘 운영할 수 있다.

- 흡수하는 사업의 업적을 높일 수 있는 독특한 능력을 인수기업이 가지고 있다.
- 진입해야 할 산업은 자력 진입의 경우의 업계 선정 수준에 합치하는 산업이다.
- 흡수합병이 자사의 기존 기업의 지위 향상에 확실히 도움이 된다.

제5장 정리

이것으로 마지막 장 전략의 구체적인 사례에 대한 내용을 마친다. 포터 교수가 왜 많은 전략 중에서 굳이 이것들을 선택했는지를 생각해 보자. 이 전략의 공통점으로는 모두 자사의 성장을 목적으로 한 전략이라는 것이다. '통합', '확대', '진입' 등 세 가지를 나열하면 확실하게 될 것이다.

'통합' 전략에서는 어떻게 장점이 있는 통합을 찾아서 자신에게 유리한 형태로 통합할 것인가를 생각했다. 다음으로 '확대' 전략에서는 과잉상태가 일어나지 않도록 어떻게 자사를 성장시킬 것인가, 그리고 그렇게 하기 위해서는 '차별화와 선점'이 키워드라는 것을 알았다. 끝으로 '진입' 전략에서는 어떻게 풍파를 일으키지 않고 진입해서 이익을 올릴 것인가 또는 사업을 매수하는 경우에 어떻게 적은 비용으로 유리한 기업을 찾아 낼 것인가 하는 기법에 대해서 설명하였다.

항상 안테나를 세우고 정확한 정보 수집에 유념하고, 이러한 전략을 올바르게 실천한다면, 반드시 회사의 성장에 공헌할 수 있으리라 생각한다.

김수광
서울대학교 경영학과와 동 대학원을 졸업하였다.
삼성생명 재무기획팀, 기획팀에서 근무한 바 있으며,
인터넷 금융벤처인 현찰닷컴, (주)코스모에프앤 대표이사를 역임하였다.
역서로는《통근대학MBA경영전략》,《통근대학MBA크리티컬싱킹》등이 있다.

마이클 포터 교수의
경쟁전략 입문

1판 1쇄 인쇄 | 2008년 10월 10일
1판 3쇄 발행 | 2010년 8월 24일

지은이 | 글로벌 태스크포스
옮긴이 | 김수광
감 수 | 모니터 그룹

펴낸이 | 우지형
기 획 | 곽동언

펴낸곳 | 나무한그루
등록번호 | 제 313-2004-000156호

주소 | 서울시 마포구 서교동 395-122 주연빌딩 6층
전화 | (02)333-9028
팩스 | (02)333-9038
이메일 | namuhanguru@empal.com

ISBN 978-89-91824-18-8 03320

나무한그루는 (주)MAC & DAM ASIA의 출판부문 임프린트입니다.

책값은 뒤표지에 있습니다.